C000184071

RAPHAEL'S AST

Ephemeris of the

for 2

A Complete Aspectarian

Mean Obliquity of the Ecliptic, 2005, 23° 26′ 19″

INTRODUCTION

Greenwich Mean Time (G.M.T.) has been used as the basis for all tabulations and times. The tabular data are for Greenwich Mean Time 12h., except for the Moon tabulations headed 24h. All phenomena and aspect times are now in G.M.T. To obtain Local Mean Time of aspect, add the time equivalent of the longitude if East and subtract if West.

Both in the Aspectarian and the Phenomena the 24-hour clock replaces the old a.m./p.m. system.

The zodiacal sign entries are now incorporated in the Aspectarian as well as being given in a separate table.

BRITISH SUMMER TIME

British Summer Time begins on March 27 and ends on October 30. When *British Summer Time* (one hour in advance of G.M.T.) is used, subtract one hour from B.S.T. before entering this Ephemeris.

These dates are believed to be correct at the time of printing.

Printed in Great Britain

ISBN 0-572-02950-0

Published by

LONDON: W. FOULSHAM & CO. LTD.

BENNETTS CLOSE, SLOUGH, BERKS. ENGLAND

NEW YORK TORONTO CAPE TOWN SYDNEY

NEW MOON–Jan.10,12h.03m. (20°♑21′)

D M	D W	Sidereal Time	☉ Long.	☉ Dec.	☽ Long.	☽ Lat.	☽ Dec.	☽ Node	24h. ☽ Long.	24h. ☽ Dec.
		h m s	° ′ ″	° ′	° ′ ″	° ′	° ′	° ′	° ′ ″	° ′
1	S	18 44 57	11 ♑ 10 33	22 S 58	15 ♍ 23 31	3 N28	8 N58	28 ♈ 18	21 ♍ 32 23	6 N10
2	Su	18 48 54	12 11 42	22 53	27 44 50	2 37	3 N17	28 15	4 ♎ 01 23	0 N21
3	M	18 52 50	13 12 51	22 47	10 ♎ 22 39	1 36	2 S38	28 12	16 49 11	5 S38
4	T	18 56 47	14 14 00	22 41	23 21 33	0 N29	8 38	28 08	0 ♏ 00 15	11 34
5	W	19 00 43	15 15 10	22 34	6 ♏ 45 43	0 S42	14 26	28 05	13 38 19	17 10
6	Th	19 04 40	16 16 20	22 27	20 38 13	1 53	19 43	28 02	27 45 28	22 02
7	F	19 08 37	17 17 30	22 19	4 ♐ 59 55	2 59	24 04	27 59	12 ♐ 21 11	25 43
8	S	19 12 33	18 18 40	22 11	19 48 36	3 55	26 57	27 56	27 21 20	27 42
9	Su	19 16 30	19 19 51	22 03	4 ♑ 58 16	4 36	27 56	27 52	12 ♑ 38 05	27 38
10	M	19 20 26	20 21 01	21 54	20 19 21	4 57	26 48	27 49	28 00 32	25 27
11	T	19 24 23	21 22 11	21 45	5 ♒ 40 06	4 57	23 39	27 46	13 ♒ 16 37	21 27
12	W	19 28 19	22 23 20	21 35	20 48 45	4 37	18 55	27 43	28 15 22	16 08
13	Th	19 32 16	23 24 29	21 25	5 ♓ 35 36	3 58	13 09	27 40	12 ♓ 48 47	10 01
14	F	19 36 12	24 25 37	21 14	19 54 33	3 05	6 50	27 37	26 52 43	3 S36
15	S	19 40 09	25 26 44	21 03	3 ♈ 43 21	2 02	0 S23	27 33	10 ♈ 26 39	2 N46
16	Su	19 44 06	26 27 51	20 52	17 02 59	0 S55	5 N51	27 30	23 32 50	8 49
17	M	19 48 02	27 28 57	20 40	29 56 44	0 N13	11 39	27 27	6 ♉ 15 17	14 20
18	T	19 51 59	28 30 02	20 28	12 ♉ 29 05	1 18	16 49	27 24	18 38 46	19 07
19	W	19 55 55	29 ♑ 31 06	20 15	24 44 57	2 18	21 11	27 21	0 ♊ 48 13	23 01
20	Th	19 59 52	0 ♒ 32 09	20 02	6 ♊ 49 07	3 11	24 35	27 18	12 48 09	25 53
21	F	20 03 48	1 33 12	19 49	18 45 48	3 55	26 52	27 14	24 42 29	27 33
22	S	20 07 45	2 34 14	19 35	0 ♋ 38 32	4 28	27 55	27 11	6 ♋ 34 19	27 57
23	Su	20 11 41	3 35 15	19 21	12 30 04	4 50	27 40	27 08	18 26 03	27 03
24	M	20 15 38	4 36 15	19 07	24 22 26	4 59	26 09	27 05	0 ♌ 19 25	24 56
25	T	20 19 35	5 37 14	18 52	6 ♌ 17 08	4 55	23 27	27 02	12 15 43	21 43
26	W	20 23 31	6 38 12	18 37	18 15 19	4 38	19 46	26 58	24 16 04	17 35
27	Th	20 27 28	7 39 10	18 21	0 ♍ 18 08	4 08	15 14	26 55	6 ♍ 21 41	12 43
28	F	20 31 24	8 40 06	18 06	12 26 57	3 27	10 05	26 52	18 34 10	7 19
29	S	20 35 21	9 41 02	17 50	24 43 37	2 36	4 N29	26 49	0 ♎ 55 39	1 N34
30	Su	20 39 17	10 41 57	17 33	7 ♎ 10 36	1 36	1 S23	26 46	13 28 55	4 S20
31	M	20 43 14	11 ♒ 42 52	17 S 16	19 ♎ 50 59	0 N31	7 S17	26 ♈ 43	26 ♎ 17 18	10 S12

D M	Mercury Lat.	Mercury Dec.		Venus Lat.	Venus Dec.		Mars Lat.	Mars Dec.		Jupiter Lat.	Jupiter Dec.
	° ′	° ′	° ′	° ′	° ′	° ′	° ′	° ′	° ′	° ′	° ′
1	1 N35	21 S25	21 S 39	0 N 43	22 S20	22 S 28	0 N 09	20 S56	21 S 04	1 N 18	5 S37
3	1 17	21 52	22 05	0 38	22 35	22 41	0 08	21 12	21 19	1 18	5 40
5	1 00	22 18	22 29	0 33	22 47	22 52	0 07	21 27	21 34	1 19	5 44
7	0 43	22 40	22 51	0 28	22 57	23 01	0 05	21 41	21 48	1 19	5 47
9	0 26	23 00	23 08	0 23	23 04	23 06	0 04	21 55	22 02	1 20	5 50
11	0 N10	23 16	23 22	0 18	23 08	23 09	0 03	22 08	22 14	1 20	5 53
13	0 S06	23 27	23 31	0 12	23 09	23 08	0 N 01	22 20	22 26	1 21	5 55
15	0 21	23 34	23 36	0 07	23 07	23 05	0 00	22 32	22 37	1 21	5 57
17	0 35	23 37	23 36	0 N 02	23 03	22 59	0 S 02	22 43	22 48	1 22	5 59
19	0 48	23 34	23 31	0 S 03	22 55	22 51	0 03	22 52	22 57	1 22	6 01
21	1 01	23 26	23 21	0 08	22 45	22 39	0 05	23 01	23 06	1 23	6 02
23	1 13	23 14	23 05	0 13	22 32	22 25	0 06	23 10	23 14	1 23	6 03
25	1 23	22 56	22 45	0 18	22 17	22 08	0 08	23 17	23 20	1 24	6 04
27	1 33	22 32	22 18	0 23	21 58	21 48	0 09	23 24	23 27	1 24	6 04
29	1 42	22 03	21 S 47	0 28	21 37	21 S 26	0 11	23 29	23 S 32	1 25	6 04
31	1 S49	21 S29		0 S 32	21 S14		0 S 12	23 S34		1 N 25	6 S04

FIRST QUARTER–Jan.17,06h.57m. (27°♈16′)

FULL MOON–Jan.25,10h.32m. (5°♌34′)

D M	☿ Long.	♀ Long.	♂ Long.	♃ Long.	♄ Long.	♅ Long.	♆ Long.	♇ Long.	☉	☿	♀	♂	♃	♄	♅	♆	♇
	° ′	° ′	° ′	° ′	° ′	° ′	° ′	° ′									
1	18♐58	19♐44	4♐42	17♎20	24♋53	3♓56	13♒52	22♐45	△	□	□		⚺	∠			
2	20 07	20 59	5 23	17 26	24R 49	3 58	13 54	22 47						⚹		⚼	□
3	21 19	22 14	6 04	17 31	24 44	4 01	13 56	22 49	□			⚹				△	
4	22 33	23 29	6 46	17 36	24 39	4 03	13 58	22 51		⚹	⚹	∠	●	□	⚼		⚹
5	23 48	24 44	7 27	17 41	24 34	4 06	14 00	22 53		∠	∠	⚺			△		∠
6	25 05	25 59	8 09	17 46	24 29	4 08	14 02	22 55	⚹	⚺	⚺		⚺	△		□	⚺
7	26 24	27 14	8 50	17 51	24 25	4 11	14 04	22 57	∠			☌	∠	⚼	□		
8	27 44	28 29	9 32	17 56	24 20	4 13	14 06	22 59	⚺				⚹			⚹	☌
9	29♐05	29♐45	10 13	18 00	24 15	4 16	14 08	23 02		☌	☌	⚺			⚹	∠	
10	0♑27	1♑00	10 55	18 04	24 10	4 19	14 10	23 04	☌			∠	□	☍	∠	⚺	⚺
11	1 50	2 15	11 37	18 08	24 05	4 22	14 12	23 06		⚺	⚺	⚹			⚺		∠
12	3 14	3 30	12 18	18 12	24 00	4 24	14 15	23 08	⚺	∠	∠		△			☌	⚹
13	4 39	4 45	13 00	18 16	23 55	4 27	14 17	23 10	∠	⚹	⚹		⚼	⚼	☌		
14	6 05	6 00	13 42	18 19	23 50	4 30	14 19	23 12	⚹			□		△		⚺	□
15	7 31	7 16	14 23	18 23	23 45	4 33	14 21	23 14		□	□				⚺	∠	
16	8 58	8 31	15 05	18 26	23 40	4 36	14 23	23 16				△	☍		∠	⚹	△
17	10 26	9 46	15 47	18 29	23 35	4 38	14 25	23 18	□			⚼		□	⚹		
18	11 54	11 01	16 29	18 32	23 30	4 41	14 28	23 20		△	△					□	⚼
19	13 24	12 16	17 10	18 34	23 25	4 44	14 30	23 22	△	⚼	⚼			⚹			
20	14 53	13 31	17 52	18 37	23 21	4 47	14 32	23 23					⚼	∠	□		
21	16 24	14 47	18 34	18 39	23 16	4 50	14 34	23 25	⚼			☍	△	⚺		△	☍
22	17 55	16 02	19 16	18 41	23 11	4 53	14 37	23 27							△	⚼	
23	19 26	17 17	19 58	18 43	23 06	4 56	14 39	23 29			☍						
24	20 59	18 32	20 40	18 45	23 01	4 59	14 41	23 31		☍			□	☌	⚼		
25	22 32	19 47	21 22	18 46	22 56	5 03	14 43	23 33	☍			⚼					⚼
26	24 05	21 02	22 04	18 48	22 52	5 06	14 46	23 34				△	⚹	⚺		☍	△
27	25 39	22 17	22 46	18 49	22 47	5 09	14 48	23 36					∠		☍		
28	27 14	23 33	23 28	18 50	22 42	5 12	14 50	23 38		⚼	⚼			∠			
29	28♑50	24 48	24 10	18 51	22 38	5 15	14 52	23 40	⚼	△	△	□	⚺	⚹		⚼	□
30	0♒26	26 03	24 53	18 51	22 33	5 18	14 55	23 41	△								
31	2♒02	27♑18	25♐35	18♎52	22♋29	5♓22	14♒57	23♐43				⚹	●	□	⚼	△	⚹

D M	Saturn Lat.	Saturn Dec.	Uranus Lat.	Uranus Dec.	Neptune Lat.	Neptune Dec.	Pluto Lat.	Pluto Dec.
	° ′	° ′	° ′	° ′	° ′	° ′	° ′	° ′
1	0S01	21N08	0S45	10S46	0S05	16S45	8N03	15S12
3	0S01	21 10	0 45	10 44	0 06	16 44	8 03	15 13
5	0 00	21 12	0 45	10 42	0 06	16 43	8 03	15 13
7	0 00	21 14	0 44	10 40	0 06	16 42	8 03	15 13
9	0 00	21 16	0 44	10 38	0 06	16 41	8 03	15 13
11	0 00	21 18	0 44	10 36	0 06	16 39	8 03	15 13
13	0N01	21 20	0 44	10 34	0 06	16 38	8 03	15 13
15	0 01	21 22	0 44	10 32	0 06	16 37	8 03	15 14
17	0 01	21 24	0 44	10 30	0 06	16 36	8 03	15 14
19	0 01	21 26	0 44	10 28	0 06	16 34	8 03	15 14
21	0 01	21 28	0 44	10 25	0 06	16 33	8 03	15 14
23	0 02	21 29	0 44	10 23	0 06	16 32	8 04	15 14
25	0 02	21 31	0 44	10 21	0 06	16 31	8 04	15 14
27	0 02	21 33	0 44	10 18	0 06	16 29	8 04	15 14
29	0 02	21 35	0 44	10 16	0 06	16 28	8 04	15 14
31	0N02	21N36	0S44	10S14	0S06	16S27	8N04	15S14

Mutual Aspects

1 ☿±♄.
3 ♀Q♅. ♀☌♇. ♂#♄.
4 ☉⚺♆. ☿Q♅. ☿☌♇. ☉∥♀.
5 ♀⚻♄.
6 ☿⚻♄. ☉∥☿.
8 ☉□♃. ♂⚼♄.
9 ☉∠♅. ☿∠♆. ♀Q♃. ♀∠♆. ☉∥♂.
10 ☿Q♃. ☿∥♀.
13 ☉☍♄. ☉⚺♇. ☿⚹♅. ♀⚹♅. ☉#♄.
14 ☿☌♀. 15 ♂⚹♆.
16 ☿⊥♆. ♀⊥♆.
18 ☉⊥♅.
19 ☉⊥♇. ♂±♄. ♀∥♂.
20 ☿⚺♆. ♄⚻♇.
21 ♀⚺♆. ♂⚹♃.
23 ☿□♃. ☿∠♅. ☿∥♂.
24 ☉⚺♅. ☿⚺♂. ♀□♃.
25 ☿☍♄. ♀∠♅.
26 ☿⚺♇.
27 ☉∠♂. ♀☍♄. ♂⚻♄.
28 ☉∠♇. ♀⚺♂. ♀⚺♇. ♂Q♅. ♂☌♇.
29 ☿⊥♅. ♀#♄.
30 ☿⊥♂. ☿⊥♇.
31 ☿#♄.

LAST QUARTER–Jan. 3,17h.46m. (13°♎28′)

NEW MOON–Feb. 8,22h.28m. (20°♒16′)

D M	D W	Sidereal Time	☉ Long.	☉ Dec.	☽ Long.	☽ Lat.	☽ Dec.	☽ Node	24h. ☽ Long.	24h. ☽ Dec.
		h m s	° ′ ″	° ′	° ′ ″	° ′	° ′	° ′	° ′ ″	° ′
1	T	20 47 10	12 ♒ 43 45	16 S 59	2 ♏ 48 19	0 S 38	13 S 02	26 ♈ 39	9 ♏ 24 28	15 S 46
2	W	20 51 07	13 44 38	16 42	16 06 12	1 46	18 21	26 36	22 53 52	20 44
3	Th	20 55 04	14 45 30	16 24	29 47 45	2 51	22 53	26 33	6 ♐ 48 01	24 44
4	F	20 59 00	15 46 22	16 07	13 ♐ 54 43	3 46	26 13	26 30	21 07 41	27 18
5	S	21 02 57	16 47 12	15 48	28 26 36	4 30	27 55	26 27	5 ♑ 50 53	28 03
6	Su	21 06 53	17 48 02	15 30	13 ♑ 19 47	4 56	27 41	26 23	20 52 19	26 47
7	M	21 10 50	18 48 50	15 11	28 27 20	5 02	25 24	26 20	6 ♒ 03 33	23 33
8	T	21 14 46	19 49 38	14 52	13 ♒ 39 35	4 47	21 18	26 17	21 14 04	18 42
9	W	21 18 43	20 50 24	14 33	28 45 39	4 12	15 50	26 14	6 ♓ 13 06	12 45
10	Th	21 22 39	21 51 09	14 13	13 ♓ 35 23	3 20	9 32	26 11	20 51 37	6 S 13
11	F	21 26 36	22 51 52	13 54	28 01 10	2 17	2 S 53	26 08	5 ♈ 03 37	0 N 27
12	S	21 30 33	23 52 33	13 34	11 ♈ 58 44	1 S 07	3 N 43	26 04	18 46 32	6 53
13	Su	21 34 29	24 53 13	13 14	25 27 11	0 N 05	9 55	26 01	2 ♉ 00 58	12 48
14	M	21 38 26	25 53 52	12 53	8 ♉ 28 20	1 14	15 29	25 58	14 49 47	17 59
15	T	21 42 22	26 54 29	12 33	21 05 53	2 17	20 14	25 55	27 17 15	22 14
16	W	21 46 19	27 55 04	12 12	3 ♊ 24 32	3 12	23 59	25 52	9 ♊ 28 21	25 26
17	Th	21 50 15	28 55 37	11 51	15 29 21	3 58	26 35	25 49	21 28 08	27 26
18	F	21 54 12	29 ♒ 56 08	11 30	27 25 17	4 32	27 57	25 45	3 ♋ 21 21	28 09
19	S	21 58 08	0 ♓ 56 38	11 08	9 ♋ 16 51	4 55	28 01	25 42	15 12 13	27 34
20	Su	22 02 05	1 57 06	10 47	21 07 54	5 05	26 48	25 39	27 04 14	25 44
21	M	22 06 02	2 57 32	10 25	3 ♌ 01 33	5 02	24 22	25 36	9 ♌ 00 07	22 45
22	T	22 09 58	3 57 57	10 03	15 00 11	4 45	20 53	25 33	21 01 56	18 47
23	W	22 13 55	4 58 19	9 41	27 05 31	4 16	16 29	25 29	3 ♍ 11 05	14 01
24	Th	22 17 51	5 58 40	9 19	9 ♍ 18 45	3 35	11 23	25 26	15 28 36	8 38
25	F	22 21 48	6 58 59	8 57	21 40 45	2 43	5 N 47	25 23	27 55 19	2 N 52
26	S	22 25 44	7 59 17	8 34	4 ♎ 12 23	1 42	0 S 07	25 20	10 ♎ 32 07	3 S 07
27	Su	22 29 41	8 59 33	8 12	16 54 39	0 N 35	6 06	25 17	23 20 10	9 04
28	M	22 33 37	9 ♓ 59 47	7 S 49	29 ♎ 48 52	0 S 35	11 S 57	25 ♈ 14	6 ♏ 20 58	14 S 44

D M	Mercury Lat.	Mercury Dec.	Mercury Dec.	Venus Lat.	Venus Dec.	Venus Dec.	Mars Lat.	Mars Dec.	Mars Dec.	Jupiter Lat.	Jupiter Dec.
	° ′	° ′	° ′	° ′	° ′	° ′	° ′	° ′	° ′	° ′	° ′
1	1 S 52	21 S 09	20 S 48	0 S 35	21 S 01	20 S 47	0 S 13	23 S 36	23 S 38	1 N 26	6 S 04
3	1 58	20 26	20 02	0 39	20 33	20 19	0 14	23 40	23 41	1 26	6 04
5	2 02	19 37	19 10	0 43	20 04	19 48	0 16	23 42	23 43	1 27	6 03
7	2 04	18 42	18 13	0 47	19 31	19 14	0 18	23 44	23 45	1 27	6 02
9	2 05	17 42	17 10	0 51	18 57	18 39	0 19	23 45	23 45	1 28	6 00
11	2 05	16 36	16 00	0 55	18 20	18 01	0 21	23 45	23 44	1 28	5 59
13	2 02	15 24	14 46	0 59	17 41	17 21	0 23	23 44	23 43	1 29	5 57
15	1 58	14 06	13 25	1 02	17 00	16 39	0 24	23 42	23 41	1 29	5 54
17	1 51	12 43	11 59	1 05	16 18	15 56	0 26	23 39	23 38	1 30	5 52
19	1 43	11 14	10 28	1 08	15 33	15 10	0 28	23 36	23 33	1 30	5 49
21	1 31	9 41	8 52	1 11	14 47	14 23	0 29	23 31	23 29	1 31	5 46
23	1 18	8 02	7 12	1 14	13 59	13 34	0 31	23 26	23 23	1 31	5 43
25	1 02	6 20	5 28	1 16	13 09	12 44	0 33	23 19	23 16	1 31	5 39
27	0 44	4 36	3 43	1 18	12 19	11 53	0 35	23 12	23 08	1 32	5 36
29	0 S 23	2 49	1 S 56	1 20	11 26	11 S 00	0 37	23 04	23 S 00	1 32	5 32
31	0 00	1 S 03		1 S 22	10 S 33		0 S 38	22 S 55		1 N 33	5 S 27

FIRST QUARTER–Feb.16,00h.16m. (27°♉25′)

FULL MOON–Feb.24,04h.54m. (5°♍41′)

EPHEMERIS]				FEBRUARY 2005														5
D	☿	♀	♂	♃	♄	♅	♆	♇	Lunar Aspects									
M	Long.	Long.	Long.	Long.	Long.	Long.	Long.	Long.	☉	☿	♀	♂	♃	♄	♅	♆	♇
	° ′	° ′	° ′	° ′	° ′	° ′	° ′	° ′									
1	3♒40	28♑33	26♐ 17	18♎52	22♋24	5♓25	14♒59	23♐ 45		□	□				△		∠
2	5 18	29♑48	26 59	18R 52	22R 20	5 28	15 01	23 46	□			∠	⚺	△		□	
3	6 57	1♒04	27 41	18 52	22 15	5 31	15 04	23 48			✱	⚺	∠		□		⚺
4	8 37	2 19	28 24	18 51	22 11	5 35	15 06	23 50	✱	✱	∠		✱	⚼		✱	
5	10 17	3 34	29 06	18 51	22 07	5 38	15 08	23 51	∠	∠	⚺	☌			✱	∠	☌
6	11 58	4 49	29♐ 48	18 50	22 02	5 41	15 11	23 53	⚺	⚺			□		∠	⚺	
7	13 40	6 04	0♑31	18 49	21 58	5 45	15 13	23 54				⚺		☍	⚺		⚺
8	15 23	7 19	1 13	18 48	21 54	5 48	15 15	23 56	☌	☌	☌	∠	△			☌	∠
9	17 06	8 34	1 56	18 47	21 50	5 51	15 17	23 57				✱	⚼		☌		✱
10	18 51	9 50	2 38	18 45	21 46	5 55	15 20	23 58		⚺	⚺			⚼		⚺	
11	20 36	11 05	3 21	18 43	21 42	5 58	15 22	24 00	⚺		∠	□		△		∠	□
12	22 22	12 20	4 03	18 41	21 39	6 01	15 24	24 01	∠	∠	✱		☍		⚺	✱	
13	24 09	13 35	4 46	18 39	21 35	6 05	15 27	24 03	✱	✱				□	∠		△
14	25 56	14 50	5 28	18 37	21 31	6 08	15 29	24 04				△			✱		⚼
15	27 45	16 05	6 11	18 35	21 28	6 12	15 31	24 05			□	⚼		✱		□	
16	29♒34	17 20	6 53	18 32	21 24	6 15	15 33	24 06	□	□			⚼	∠	□		
17	1♓24	18 35	7 36	18 29	21 21	6 19	15 35	24 08			△		△	⚺		△	
18	3 14	19 50	8 19	18 26	21 17	6 22	15 38	24 09	△							⚼	☍
19	5 05	21 05	9 01	18 23	21 14	6 25	15 40	24 10		△	⚼	☍			△		
20	6 57	22 20	9 44	18 20	21 11	6 29	15 42	24 11	⚼	⚼			□	☌	⚼		
21	8 49	23 35	10 27	18 16	21 08	6 32	15 44	24 12									
22	10 42	24 50	11 10	18 13	21 05	6 36	15 47	24 13					✱			☍	⚼
23	12 35	26 05	11 52	18 09	21 02	6 39	15 49	24 14			☍	⚼	∠	⚺			△
24	14 28	27 20	12 35	18 05	20 59	6 43	15 51	24 15	☍	☍		△		∠	☍		
25	16 21	28 35	13 18	18 00	20 57	6 46	15 53	24 16					⚺	✱			□
26	18 13	29♒50	14 01	17 56	20 54	6 50	15 55	24 17								⚼	
27	20 05	1♓05	14 44	17 52	20 52	6 53	15 57	24 18			⚼	□	☌	□	⚼	△	
28	21♓56	2♓20	15♑27	17♎47	20♋49	6♓56	15♒59	24♐ 19	⚼		△						✱

D	Saturn		Uranus		Neptune		Pluto	
M	Lat.	Dec.	Lat.	Dec.	Lat.	Dec.	Lat.	Dec.
	° ′	° ′	° ′	° ′	° ′	° ′	° ′	° ′
1	0N03	21N37	0S44	10S12	0S06	16S26	8N04	15S14
3	0 03	21 39	0 44	10 10	0 06	16 25	8 05	15 14
5	0 03	21 41	0 44	10 08	0 06	16 23	8 05	15 14
7	0 03	21 42	0 44	10 05	0 06	16 22	8 05	15 13
9	0 03	21 44	0 44	10 03	0 06	16 21	8 05	15 13
11	0 04	21 45	0 44	10 00	0 06	16 19	8 06	15 13
13	0 04	21 46	0 44	9 58	0 06	16 18	8 06	15 13
15	0 04	21 48	0 44	9 55	0 06	16 17	8 06	15 13
17	0 04	21 49	0 44	9 53	0 06	16 15	8 06	15 13
19	0 04	21 50	0 44	9 50	0 06	16 14	8 07	15 13
21	0 05	21 51	0 44	9 47	0 06	16 13	8 07	15 12
23	0 05	21 52	0 44	9 45	0 06	16 12	8 07	15 12
25	0 05	21 54	0 44	9 42	0 06	16 10	8 08	15 12
27	0 05	21 54	0 44	9 40	0 06	16 09	8 08	15 12
29	0 05	21 55	0 44	9 37	0 06	16 08	8 08	15 11
31	0N06	21N56	0S44	9S35	0S06	16S07	8N09	15S11

Mutual Aspects

2 ☿⚺♅. ♀⊥♅. ♀⊥♇. ☿∥♀. ♃Stat.
3 ☉☌♆. ☉∥♆.
4 ☿∠♇.
7 ☉△♃. ♀⚺♅. ♂Q♃. ♂∠♆. ☉∥♇.
8 ☿☌♆. ♀⊥♂.
9 ☿∠♂. ♀∠♇.
10 ☉⊽♄. ☿△♃.
11 ☿∥♆.
12 ☉✱♇. ☿⊽♄. ♅Q♇.
13 ☿✱♇. ☿∥♇.
14 ☉☌☿.
15 ☿±♄. ♀☌♆. ♂✱♅.
16 ☉±♄.
17 ♀△♃. ♄⚼♅. ♀∥♆.
18 ☿⚼♃.
19 ♀⊽♄. ☉∥☿.
20 ☿⚼♄. ☿☌♅. ☿Q♇. ♂⊥♆. ♀∥♇.
21 ☉⚼♃. ☿∥♅.
22 ☿✱♂. ♀✱♇.
23 ☿±♃. ☉∥♅.
24 ☉⚼♄. ☉Q♇. ♀∠♂. ♀±♄.
25 ☉☌♅. ☿⚺♆.
26 ☿⊽♃. ☿∥♃.
27 ☿△♄.
28 ☿⊥♆. ♀⚼♃.

LAST QUARTER–Feb. 2,07h.27m. (13°♏33′)

NEW MOON–Mar.10,09h.10m. (19° ♓ 54′)

D M	D W	Sidereal Time	☉ Long.	☉ Dec.	☽ Long.	☽ Lat.	☽ Dec.	☽ Node	24h. ☽ Long.	24h. ☽ Dec.
		h m s	° ′ ″	° ′	° ′ ″	° ′	° ′	° ′	° ′ ″	° ′
1	T	22 37 34	11 ♓ 00 00	7 S 26	12 ♏ 56 41	1 S 44	17 S 22	25 ♈ 10	19 ♏ 36 15	19 S 50
2	W	22 41 31	12 00 12	7 04	26 19 54	2 49	22 04	25 07	3 ♐ 07 49	24 02
3	Th	22 45 27	13 00 22	6 41	10 ♐ 00 11	3 46	25 40	25 04	16 57 05	26 57
4	F	22 49 24	14 00 30	6 18	23 58 31	4 30	27 48	25 01	1 ♑ 04 25	28 13
5	S	22 53 20	15 00 37	5 54	8 ♑ 14 35	5 00	28 10	24 58	15 28 41	27 38
6	Su	22 57 17	16 00 43	5 31	22 46 14	5 10	26 37	24 55	0 ♒ 06 37	25 09
7	M	23 01 13	17 00 47	5 08	7 ♒ 29 05	5 01	23 15	24 51	14 52 48	20 58
8	T	23 05 10	18 00 49	4 44	22 16 48	4 32	18 22	24 48	29 40 06	15 29
9	W	23 09 06	19 00 49	4 21	7 ♓ 01 42	3 44	12 24	24 45	14 ♓ 20 37	9 10
10	Th	23 13 03	20 00 48	3 57	21 35 57	2 43	5 S 49	24 42	28 46 53	2 S 27
11	F	23 17 00	21 00 44	3 34	5 ♈ 52 45	1 32	0 N 56	24 39	12 ♈ 53 02	4 N 15
12	S	23 20 56	22 00 39	3 10	19 47 20	0 S 17	7 28	24 35	26 35 28	10 34
13	Su	23 24 53	23 00 31	2 47	3 ♉ 17 21	0 N 56	13 29	24 32	9 ♉ 53 03	16 13
14	M	23 28 49	24 00 21	2 23	16 22 47	2 05	18 44	24 29	22 46 51	20 59
15	T	23 32 46	25 00 09	1 59	29 05 37	3 05	22 58	24 26	5 ♊ 19 35	24 39
16	W	23 36 42	25 59 55	1 35	11 ♊ 29 15	3 55	26 02	24 23	17 35 10	27 06
17	Th	23 40 39	26 59 39	1 12	23 37 57	4 33	27 50	24 20	29 38 10	28 15
18	F	23 44 35	27 59 21	0 48	5 ♋ 36 27	4 59	28 19	24 16	11 ♋ 33 22	28 03
19	S	23 48 32	28 59 00	0 24	17 29 31	5 12	27 27	24 13	23 25 28	26 34
20	Su	23 52 29	29 ♓ 58 37	0 S 01	29 21 45	5 12	25 22	24 10	5 ♌ 18 52	23 54
21	M	23 56 25	0 ♈ 58 12	0 N 23	11 ♌ 17 16	4 58	22 10	24 07	17 17 24	20 12
22	T	0 00 22	1 57 44	0 47	23 19 37	4 31	18 00	24 04	29 24 15	15 37
23	W	0 04 18	2 57 15	1 10	5 ♍ 31 35	3 51	13 04	24 01	11 ♍ 41 52	10 22
24	Th	0 08 15	3 56 43	1 34	17 55 16	3 00	7 32	23 57	24 11 55	4 N 37
25	F	0 12 11	4 56 08	1 58	0 ♎ 31 55	1 59	1 N 37	23 54	6 ♎ 55 20	1 S 26
26	S	0 16 08	5 55 32	2 21	13 22 09	0 N 52	4 S 29	23 51	19 52 23	7 32
27	Su	0 20 04	6 54 54	2 45	26 25 59	0 S 20	10 31	23 48	3 ♏ 02 54	13 25
28	M	0 24 01	7 54 14	3 08	9 ♏ 43 03	1 32	16 11	23 45	16 26 20	18 47
29	T	0 27 58	8 53 32	3 32	23 12 42	2 40	21 10	23 41	0 ♐ 02 01	23 17
30	W	0 31 54	9 52 49	3 55	6 ♐ 54 11	3 40	25 05	23 38	13 49 06	26 32
31	Th	0 35 51	10 ♈ 52 03	4 N 18	20 ♐ 46 36	4 S 28	27 S 35	23 ♈ 35	27 ♐ 46 35	28 S 12

D M	Mercury Lat.	Mercury Dec.		Venus Lat.	Venus Dec.		Mars Lat.	Mars Dec.		Jupiter Lat.	Jupiter Dec.
	° ′	° ′	° ′	° ′	° ′	° ′	° ′	° ′	° ′	° ′	° ′
1	0 S 23	2 S 49	1 S 56	1 S 20	11 S 26	11 S 00	0 S 37	23 S 04	23 S 00	1 N 32	5 S 32
3	0 00	1 S 03	0 S 11	1 22	10 33	10 06	0 38	22 55	22 50	1 33	5 27
5	0 N 26	0 N 41	1 N 31	1 23	9 38	9 11	0 40	22 45	22 40	1 33	5 23
7	0 52	2 20	3 07	1 24	8 43	8 15	0 42	22 35	22 29	1 33	5 18
9	1 19	3 53	4 36	1 25	7 46	7 18	0 44	22 23	22 17	1 34	5 14
11	1 46	5 16	5 53	1 26	6 49	6 20	0 46	22 11	22 04	1 34	5 09
13	2 12	6 27	6 58	1 26	5 51	5 22	0 48	21 57	21 50	1 34	5 03
15	2 36	7 25	7 47	1 26	4 52	4 23	0 50	21 43	21 36	1 34	4 58
17	2 57	8 06	8 21	1 26	3 53	3 23	0 52	21 28	21 21	1 35	4 53
19	3 13	8 31	8 37	1 26	2 53	2 23	0 53	21 13	21 05	1 35	4 47
21	3 24	8 38	8 35	1 25	1 53	1 23	0 55	20 56	20 48	1 35	4 41
23	3 28	8 27	8 16	1 24	0 S 53	0 S 23	0 57	20 39	20 30	1 35	4 36
25	3 26	8 00	7 41	1 23	0 N 07	0 N 38	0 59	20 21	20 12	1 35	4 30
27	3 17	7 18	6 52	1 22	1 08	1 38	1 01	20 02	19 53	1 35	4 24
29	3 00	6 25	5 N 55	1 20	2 08	2 N 38	1 03	19 43	19 S 33	1 36	4 18
31	2 N 38	5 N 24		1 S 18	3 N 08		1 S 05	19 S 23		1 N 36	4 S 12

FIRST QUARTER–Mar.17,19h.19m. (27° ♊ 18′)

FULL MOON–Mar.25,20h.58m. (5°♎18′)

D M	☿ Long.	♀ Long.	♂ Long.	♃ Long.	♄ Long.	♅ Long.	♆ Long.	♇ Long.
	° ′	° ′	° ′	° ′	° ′	° ′	° ′	° ′
1	23♓46	3♓35	16♑09	17♎42	20♋47	7♓00	16♒02	24♐20
2	25 34	4 50	16 52	17R 37	20R 45	7 03	16 04	24 21
3	27 20	6 05	17 35	17 32	20 43	7 07	16 06	24 22
4	29♓03	7 20	18 18	17 27	20 41	7 10	16 08	24 22
5	0♈43	8 35	19 01	17 21	20 39	7 14	16 10	24 23
6	2 20	9 50	19 45	17 16	20 37	7 17	16 12	24 24
7	3 52	11 05	20 28	17 10	20 35	7 20	16 14	24 25
8	5 20	12 20	21 11	17 04	20 34	7 24	16 16	24 25
9	6 43	13 34	21 54	16 58	20 32	7 27	16 18	24 26
10	8 00	14 49	22 37	16 52	20 31	7 31	16 20	24 26
11	9 11	16 04	23 20	16 46	20 30	7 34	16 22	24 27
12	10 15	17 19	24 03	16 39	20 29	7 37	16 24	24 27
13	11 11	18 34	24 46	16 33	20 28	7 41	16 26	24 28
14	12 00	19 48	25 30	16 26	20 27	7 44	16 28	24 28
15	12 42	21 03	26 13	16 20	20 26	7 47	16 30	24 29
16	13 15	22 18	26 56	16 13	20 25	7 51	16 32	24 29
17	13 40	23 33	27 39	16 06	20 25	7 54	16 33	24 29
18	13 57	24 48	28 23	15 59	20 24	7 57	16 35	24 30
19	14 05	26 02	29 06	15 52	20 24	8 01	16 37	24 30
20	14R 05	27 17	29♑49	15 45	20 24	8 04	16 39	24 30
21	13 57	28 32	0♒32	15 38	20 24	8 07	16 41	24 30
22	13 42	29♓46	1 16	15 30	20D 24	8 10	16 42	24 31
23	13 19	1♈01	1 59	15 23	20 24	8 14	16 44	24 31
24	12 50	2 16	2 42	15 16	20 24	8 17	16 46	24 31
25	12 14	3 30	3 26	15 08	20 24	8 20	16 47	24 31
26	11 34	4 45	4 09	15 01	20 25	8 23	16 49	24 31
27	10 50	5 59	4 53	14 53	20 25	8 26	16 51	24R 31
28	10 02	7 14	5 36	14 45	20 26	8 29	16 52	24 31
29	9 13	8 28	6 20	14 38	20 27	8 33	16 54	24 31
30	8 22	9 43	7 03	14 30	20 28	8 36	16 55	24 31
31	7♈31	10♈57	7♒46	14♎23	20♋29	8♓39	16♒57	24♐31

Lunar Aspects

D	☉	☿	♀	♂	♃	♄	♅	♆	♇
1	△	⚼		✱	⚺		△	□	∠
2		△		∠	∠	△			⚺
3	□		□			⚼	□	✱	
4		□		⚺	✱				☌
5			✱				✱	∠	
6	✱		∠	☌	□	☍	∠	⚺	⚺
7	∠	✱	⚺				⚺		∠
8	⚺	∠		⚺	△			☌	✱
9		⚺	☌	∠	⚼	⚼	☌		
10	☌			✱		△		⚺	□
11		☌					⚺	∠	
12	⚺		⚺	□	☍	□	∠	✱	△
13	∠		∠				✱		⚼
14		⚺	✱			✱		□	
15	✱	∠		△	⚼				
16		✱		⚼	△	∠	□	△	
17	□		□			⚺			☍
18							△	⚼	
19		□			□	☌	⚼		
20	△		△	☍					
21	⚼	△	⚼		✱			☍	⚼
22		⚼				⚺			△
23					∠	∠	☍		
24				⚼	⚺	✱			
25	☍		☍	△				⚼	□
26		☍			☌			△	
27						□	⚼		✱
28				□	⚺		△		∠
29	⚼	⚼	⚼		∠	△		□	⚺
30	△	△	△	✱		⚼	□		
31				∠	✱			✱	☌

D M	Saturn Lat.	Saturn Dec.	Uranus Lat.	Uranus Dec.	Neptune Lat.	Neptune Dec.	Pluto Lat.	Pluto Dec.
	° ′	° ′	° ′	° ′	° ′	° ′	° ′	° ′
1	0N05	21N55	0S44	9S37	0S06	16S08	8N08	15S11
3	0 06	21 56	0 44	9 35	0 06	16 07	8 09	15 11
5	0 06	21 57	0 44	9 32	0 06	16 05	8 09	15 11
7	0 06	21 58	0 44	9 30	0 06	16 04	8 09	15 11
9	0 06	21 58	0 44	9 27	0 06	16 03	8 10	15 10
11	0 06	21 59	0 44	9 25	0 06	16 02	8 10	15 10
13	0 07	21 59	0 44	9 22	0 06	16 01	8 10	15 10
15	0 07	22 00	0 44	9 20	0 06	16 00	8 11	15 09
17	0 07	22 00	0 44	9 17	0 06	15 59	8 11	15 09
19	0 07	22 00	0 44	9 15	0 06	15 57	8 11	15 09
21	0 07	22 01	0 44	9 12	0 06	15 56	8 12	15 08
23	0 07	22 01	0 44	9 10	0 06	15 55	8 12	15 08
25	0 08	22 01	0 44	9 08	0 06	15 54	8 12	15 08
27	0 08	22 01	0 44	9 05	0 06	15 53	8 13	15 07
29	0 08	22 01	0 44	9 03	0 06	15 53	8 13	15 07
31	0N08	22N01	0S44	9S01	0S06	15S52	8N13	15S07

Mutual Aspects

1 ☿□♇. ♂⚺♆.
2 ☉±♃.
3 ♀⚼♄. ♀Q♇. ♂□♃.
4 ♀☌♅.
5 ☿Q♂. ☿∠♆. ♀∥♅.
6 ☉⚺♆. ☉∥♃.
7 ☉⚻♃. ♀±♃. ♂☍♄.
9 ☉#☿.
10 ☉△♄. ☿⚺♅. ♂∠♅.
11 ♀⚺♆. ☿#♃.
12 ☉⊥♆. ♀⚻♃. ☿#♀.
13 ♂⚺♇. ♂#♄.
14 ☉□♇. ♃△♆.
15 ♀△♄. ♀∥♃.
16 ♀⊥♆.
18 ☿⊥♅. ♀□♇.
19 ☉✱♂.
20 ☿⊥♅. ☿Stat.
21 ♂⊥♇.
22 ☉∠♆. ☿Q♂. ♄Stat.
23 ♂⊥♅. ☉#♀.
24 ♀∠♆.
25 ♀✱♂.
27 ♇Stat.
29 ☉☌☿. ☉⚺♅. ☿☌♀. ♀⚺♅. ♃±♅.
30 ☿⚺♅.
31 ☉☌♀. ☿✱♂. ☉#♃.

LAST QUARTER–Mar. 3,17h.36m. (13°♐14′)

NEW MOON–Apr. 8,20h.32m. (19°♈06′)

D M	D W	Sidereal Time	☉ Long.	☉ Dec.	☽ Long.	☽ Lat.	☽ Dec.	☽ Node	24h. ☽ Long.	24h. ☽ Dec.
		h m s	° ′ ″	° ′	° ′ ″	° ′	° ′	° ′	° ′ ″	° ′
1	F	0 39 47	11 ♈ 51 16	4 N41	4 ♑ 48 50	5 S 01	28 S 22	23 ♈ 32	11 ♑ 53 10	28 S 04
2	S	0 43 44	12 50 28	5 04	18 59 22	5 16	27 18	23 29	26 07 06	26 06
3	Su	0 47 40	13 49 37	5 27	3 ♒ 16 05	5 11	24 28	23 26	10 ♒ 25 56	22 27
4	M	0 51 37	14 48 45	5 50	17 36 13	4 47	20 07	23 22	24 46 27	17 29
5	T	0 55 33	15 47 50	6 13	1 ♓ 56 09	4 06	14 36	23 19	9 ♓ 04 47	11 33
6	W	0 59 30	16 46 54	6 36	16 11 48	3 09	8 21	23 16	23 16 39	5 S 03
7	Th	1 03 27	17 45 56	6 58	0 ♈ 18 48	2 01	1 S 44	23 13	7 ♈ 17 45	1 N36
8	F	1 07 23	18 44 56	7 21	14 13 02	0 S 47	4 N53	23 10	21 04 17	8 05
9	S	1 11 20	19 43 55	7 43	27 51 10	0 N28	11 09	23 07	4 ♉ 33 26	14 04
10	Su	1 15 16	20 42 51	8 05	11 ♉ 10 57	1 40	16 46	23 03	17 43 37	19 16
11	M	1 19 13	21 41 45	8 27	24 11 29	2 46	21 30	23 00	0 ♊ 34 39	23 27
12	T	1 23 09	22 40 37	8 49	6 ♊ 53 19	3 41	25 05	22 57	13 07 43	26 25
13	W	1 27 06	23 39 26	9 11	19 18 13	4 25	27 24	22 54	25 25 11	28 03
14	Th	1 31 02	24 38 14	9 33	1 ♋ 29 05	4 55	28 21	22 51	7 ♋ 30 24	28 19
15	F	1 34 59	25 36 59	9 54	13 29 39	5 13	27 56	22 47	19 27 23	27 15
16	S	1 38 56	26 35 42	10 16	25 24 10	5 16	26 14	22 44	1 ♌ 20 36	24 57
17	Su	1 42 52	27 34 23	10 37	7 ♌ 17 15	5 07	23 23	22 41	13 14 41	21 35
18	M	1 46 49	28 33 02	10 58	19 13 30	4 44	19 33	22 38	25 14 13	17 18
19	T	1 50 45	29 ♈ 31 38	11 18	1 ♍ 17 23	4 08	14 53	22 35	7 ♍ 23 29	12 17
20	W	1 54 42	0 ♉ 30 12	11 39	13 32 57	3 21	9 33	22 32	19 46 11	6 42
21	Th	1 58 38	1 28 44	11 59	26 03 31	2 23	3 N45	22 28	2 ♎ 25 14	0 N44
22	F	2 02 35	2 27 14	12 20	8 ♎ 51 32	1 16	2 S 20	22 25	15 22 32	5 S 25
23	S	2 06 31	3 25 42	12 40	21 58 16	0 N05	8 29	22 22	28 38 42	11 30
24	Su	2 10 28	4 24 08	12 59	5 ♏ 23 42	1 S 09	14 24	22 19	12 ♏ 13 02	17 10
25	M	2 14 25	5 22 33	13 19	19 06 25	2 20	19 45	22 16	26 03 29	22 05
26	T	2 18 21	6 20 55	13 38	3 ♐ 03 49	3 24	24 07	22 12	10 ♐ 06 55	25 48
27	W	2 22 18	7 19 16	13 57	17 12 18	4 17	27 05	22 09	24 19 27	27 56
28	Th	2 26 14	8 17 35	14 16	1 ♑ 27 49	4 54	28 20	22 06	8 ♑ 36 54	28 15
29	F	2 30 11	9 15 53	14 35	15 46 13	5 13	27 41	22 03	22 55 19	26 40
30	S	2 34 07	10 ♉ 14 09	14 N53	0 ♒ 03 47	5 S 13	25 S 14	22 ♈ 00	7 ♒ 11 15	23 S 24

D M	Mercury Lat.	Mercury Dec.		Venus Lat.	Venus Dec.		Mars Lat.	Mars Dec.		Jupiter Lat.	Jupiter Dec.
	° ′	° ′	° ′	° ′	° ′	° ′	° ′	° ′	° ′	° ′	° ′
1	2 N24	4 N52	4 N 20	1 S 17	3 N38	4 N08	1 S 06	19 S 12	19 S 02	1 N 36	4 S 09
3	1 55	3 48	3 18	1 15	4 38	5 08	1 08	18 51	18 40	1 36	4 03
5	1 24	2 48	2 20	1 12	5 38	6 07	1 10	18 29	18 18	1 36	3 57
7	0 51	1 54	1 30	1 10	6 37	7 06	1 12	18 07	17 55	1 36	3 51
9	0 N19	1 08	0 49	1 07	7 35	8 04	1 15	17 44	17 32	1 35	3 45
11	0 S 11	0 32	0 N 18	1 04	8 33	9 01	1 17	17 20	17 08	1 35	3 39
13	0 40	0 N06	0 S 03	1 00	9 30	9 58	1 19	16 56	16 43	1 35	3 34
15	1 06	0 S 09	0 13	0 57	10 26	10 53	1 21	16 31	16 18	1 35	3 28
17	1 30	0 14	0 13	0 53	11 21	11 48	1 23	16 05	15 52	1 35	3 22
19	1 51	0 S 09	0 S 04	0 50	12 15	12 41	1 25	15 39	15 26	1 35	3 17
21	2 08	0 N04	0 N 14	0 46	13 07	13 33	1 27	15 13	14 59	1 35	3 12
23	2 23	0 26	0 40	0 42	13 59	14 24	1 29	14 46	14 32	1 34	3 07
25	2 36	0 56	1 14	0 37	14 49	15 14	1 31	14 18	14 05	1 34	3 02
27	2 45	1 33	1 54	0 33	15 38	16 02	1 33	13 51	13 37	1 34	2 57
29	2 52	2 17	2 N 41	0 28	16 25	16 N48	1 35	13 22	13 S 08	1 33	2 53
31	2 S 56	3 N06		0 S 24	17 N10		1 S 37	12 S 54		1 N 33	2 S 48

FIRST QUARTER–Apr.16,14h.37m. (26°♋42′)

EPHEMERIS] APRIL 2005

D M	☿ Long.	♀ Long.	♂ Long.	♃ Long.	♄ Long.	♅ Long.	♆ Long.	♇ Long.
	° ′	° ′	° ′	° ′	° ′	° ′	° ′	° ′
1	6♈41	12♈12	8♒30	14♎15	20♋30	8♓42	16♒59	24♐30
2	5R 54	13 26	9 13	14R 07	20 31	8 45	17 00	24R 30
3	5 08	14 41	9 57	13 59	20 32	8 48	17 01	24 30
4	4 27	15 55	10 40	13 52	20 34	8 51	17 03	24 30
5	3 49	17 10	11 24	13 44	20 35	8 54	17 04	24 29
6	3 16	18 24	12 08	13 36	20 37	8 56	17 06	24 29
7	2 47	19 39	12 51	13 28	20 38	8 59	17 07	24 29
8	2 24	20 53	13 35	13 21	20 40	9 02	17 08	24 28
9	2 06	22 07	14 18	13 13	20 42	9 05	17 10	24 28
10	1 54	23 22	15 02	13 06	20 44	9 08	17 11	24 28
11	1 47	24 36	15 45	12 58	20 46	9 11	17 12	24 27
12	1D 45	25 50	16 29	12 50	20 49	9 13	17 13	24 27
13	1 48	27 05	17 12	12 43	20 51	9 16	17 15	24 26
14	1 57	28 19	17 56	12 35	20 54	9 19	17 16	24 25
15	2 11	29♈33	18 40	12 28	20 56	9 21	17 17	24 25
16	2 29	0♉48	19 23	12 21	20 59	9 24	17 18	24 24
17	2 52	2 02	20 07	12 13	21 02	9 27	17 19	24 24
18	3 20	3 16	20 50	12 06	21 04	9 29	17 20	24 23
19	3 52	4 30	21 34	11 59	21 07	9 32	17 21	24 22
20	4 28	5 44	22 17	11 52	21 10	9 34	17 22	24 21
21	5 07	6 58	23 01	11 45	21 14	9 36	17 23	24 21
22	5 51	8 13	23 44	11 38	21 17	9 39	17 24	24 20
23	6 38	9 27	24 28	11 32	21 20	9 41	17 25	24 19
24	7 28	10 41	25 12	11 25	21 24	9 44	17 26	24 18
25	8 22	11 55	25 55	11 18	21 27	9 46	17 26	24 17
26	9 19	13 09	26 39	11 12	21 31	9 48	17 27	24 16
27	10 18	14 23	27 22	11 06	21 35	9 50	17 28	24 16
28	11 21	15 37	28 06	10 59	21 38	9 53	17 29	24 15
29	12 26	16 51	28 49	10 53	21 42	9 55	17 29	24 14
30	13♈34	18♉05	29♒33	10♎47	21♋46	9♓57	17♒30	24♐13

Lunar Aspects

D	☉	☿	♀	♂	♃	♄	♅	♆	♇
1		□		⚺			✱	∠	
2	□		□		□	☍	∠	⚺	⚺
3		✱		☌			⚺		∠
4	✱	∠	✱		△			☌	✱
5	∠	⚺	∠		⚼	⚼	☌		
6	⚺		⚺	⚺		△		⚺	
7		☌		∠				∠	□
8	●			✱	☍	□	⚺	✱	
9		⚺	●				∠		△
10		∠		□			✱	□	⚼
11	⚺		⚺		⚼	✱			
12	∠	✱	∠		△	∠	□		
13	✱			△		⚺		△	☍
14		□	✱	⚼				⚼	
15					□		△		
16	□					☌	⚼		
17		△	□		✱				⚼
18		⚼		☍		⚺		☍	△
19	△		△		∠	∠			
20	⚼				⚺		☍		
21			⚼			✱		⚼	□
22		☍		⚼	●				
23				△		□	⚼	△	✱
24	☍		☍		⚺		△		∠
25		⚼				△		□	⚺
26		△		□	∠	⚼	□		
27	⚼				✱			✱	☌
28			⚼	✱				∠	
29	△	□	△	∠	□	☍	✱	⚺	
30				⚺			∠		⚺

D M	Saturn Lat.	Saturn Dec.	Uranus Lat.	Uranus Dec.	Neptune Lat.	Neptune Dec.	Pluto Lat.	Pluto Dec.
	° ′	° ′	° ′	° ′	° ′	° ′	° ′	° ′
1	0N08	22N01	0S44	9S00	0S07	15S51	8N14	15S07
3	0 08	22 01	0 44	8 57	0 07	15 50	8 14	15 06
5	0 08	22 00	0 44	8 55	0 07	15 49	8 14	15 06
7	0 09	22 00	0 44	8 53	0 07	15 49	8 14	15 05
9	0 09	21 59	0 44	8 51	0 07	15 48	8 15	15 05
11	0 09	21 59	0 44	8 49	0 07	15 47	8 15	15 05
13	0 09	21 58	0 44	8 47	0 07	15 46	8 15	15 04
15	0 09	21 58	0 44	8 45	0 07	15 46	8 16	15 04
17	0 09	21 57	0 45	8 43	0 07	15 45	8 16	15 04
19	0 10	21 56	0 45	8 41	0 07	15 45	8 16	15 04
21	0 10	21 56	0 45	8 39	0 07	15 44	8 16	15 03
23	0 10	21 55	0 45	8 38	0 07	15 44	8 17	15 03
25	0 10	21 54	0 45	8 36	0 07	15 43	8 17	15 03
27	0 10	21 53	0 45	8 34	0 07	15 43	8 17	15 02
29	0 10	21 52	0 45	8 33	0 07	15 42	8 17	15 02
31	0N11	21N51	0S45	8S31	0S07	15S42	8N18	15S02

Mutual Aspects

1 ♂⚺♅. ☉∥☿.
2 ♀☍♃. ♂∠♇. ☿∥♀. ☿#♃. ♀#♃.
3 ☉☍♃. ♀⊥♅.
4 ☉⊥♅. 5 ♀✱♆.
6 ☉✱♆.
8 ♀□♄. ♂△♃.
9 ☿∠♆.
10 ☉□♄. ☉∥♀.
11 ♀∠♅. ♀△♇.
12 ☿∠♂. ☉#♅. ♀#♅. ☿Stat.
13 ♂☌♆.
14 ☉∠♅. ☉△♇.
15 ☿∠♆. ♀Q♆. ♃Q♇.
17 ♀Q♂.
18 ☿⚺♀. ♂∇♄.
19 ☉Q♆. ♂∥♆.
22 ♂∥♇.
23 ♀Q♄. ♀✱♅. ♀⚼♇. ♂✱♇.
24 ♀#♂.
25 ♀∇♃. ♂⚼♃.
26 ♀#♇.
27 ☿⚺♅. ♂±♄. ☉#♂. ♀#♆.
28 ☿☍♃.
29 ☉Q♄. ☉⚼♇. ♀±♃.
30 ☉✱♅. ♀□♆. ♀±♇. ☉#♇. ☿#♃.

NEW MOON–May 8,08h.45m. (17° ♉ 52′)

D M	D W	Sidereal Time	☉ Long.	☉ Dec.	☽ Long.	☽ Lat.	☽ Dec.	☽ Node	24h. ☽ Long.	24h. ☽ Dec.
		h m s	° ′ ″	° ′	° ′ ″	° ′	° ′	° ′	° ′ ″	° ′
1	Su	2 38 04	11 ♉ 12 24	15 N12	14 ♒ 17 25	4 S 53	21 S 13	21 ♈ 57	21 ♒ 22 00	18 S 45
2	M	2 42 00	12 10 37	15 29	28 24 45	4 16	16 02	21 53	5 ♓ 25 29	13 07
3	T	2 45 57	13 08 49	15 47	12 ♓ 23 59	3 24	10 03	21 50	19 20 08	6 53
4	W	2 49 54	14 06 59	16 05	26 13 46	2 21	3 S 39	21 47	3 ♈ 04 45	0 S 24
5	Th	2 53 50	15 05 08	16 22	9 ♈ 52 55	1 S 10	2 N 50	21 44	16 38 10	6 N 01
6	F	2 57 47	16 03 15	16 39	23 20 22	0 N 03	9 07	21 41	29 59 23	12 05
7	S	3 01 43	17 01 21	16 55	6 ♉ 35 07	1 15	14 54	21 38	13 ♉ 07 27	17 31
8	Su	3 05 40	17 59 25	17 12	19 36 20	2 22	19 55	21 34	26 01 41	22 03
9	M	3 09 36	18 57 28	17 28	2 ♊ 23 32	3 20	23 55	21 31	8 ♊ 41 53	25 28
10	T	3 13 33	19 55 29	17 43	14 56 48	4 08	26 42	21 28	21 08 27	27 35
11	W	3 17 29	20 53 28	17 59	27 16 58	4 43	28 07	21 25	3 ♋ 22 37	28 19
12	Th	3 21 26	21 51 26	18 14	9 ♋ 25 40	5 04	28 10	21 22	15 26 28	27 41
13	F	3 25 23	22 49 22	18 29	21 25 24	5 12	26 52	21 18	27 22 54	25 46
14	S	3 29 19	23 47 16	18 43	3 ♌ 19 28	5 06	24 23	21 15	9 ♌ 15 36	22 44
15	Su	3 33 16	24 45 08	18 57	15 11 51	4 48	20 51	21 12	21 08 48	18 46
16	M	3 37 12	25 42 58	19 11	27 07 02	4 16	16 29	21 09	3 ♍ 07 10	14 02
17	T	3 41 09	26 40 47	19 25	9 ♍ 09 49	3 34	11 26	21 06	15 15 35	8 42
18	W	3 45 05	27 38 34	19 38	21 25 02	2 40	5 N 52	21 03	27 38 44	2 N 56
19	Th	3 49 02	28 36 20	19 51	3 ♎ 57 11	1 38	0 S 04	20 59	10 ♎ 20 51	3 S 06
20	F	3 52 58	29 ♉ 34 03	20 04	16 50 06	0 N 30	6 09	20 56	23 25 13	9 11
21	S	3 56 55	0 ♊ 31 46	20 16	0 ♏ 06 24	0 S 42	12 10	20 53	6 ♏ 53 40	15 03
22	Su	4 00 52	1 29 26	20 28	13 46 57	1 54	17 47	20 50	20 46 01	20 19
23	M	4 04 48	2 27 06	20 39	27 50 29	3 00	22 37	20 47	4 ♐ 59 49	24 35
24	T	4 08 45	3 24 44	20 50	12 ♐ 13 22	3 57	26 11	20 44	19 30 20	27 21
25	W	4 12 41	4 22 21	21 01	26 49 51	4 39	28 03	20 40	4 ♑ 10 58	28 16
26	Th	4 16 38	5 19 57	21 12	11 ♑ 32 46	5 03	27 59	20 37	18 54 18	27 11
27	F	4 20 34	6 17 32	21 22	26 14 41	5 07	25 56	20 34	3 ♒ 33 08	24 15
28	S	4 24 31	7 15 06	21 31	10 ♒ 48 59	4 52	22 12	20 31	18 01 39	19 49
29	Su	4 28 27	8 12 39	21 41	25 10 45	4 18	17 10	20 28	2 ♓ 15 57	14 19
30	M	4 32 24	9 10 11	21 50	9 ♓ 17 05	3 29	11 18	20 24	16 14 04	8 11
31	T	4 36 21	10 ♊ 07 43	21 N58	23 ♓ 06 56	2 S 28	5 S 00	20 ♈ 21	29 ♓ 55 45	1 S 47

D M	Mercury Lat.	Mercury Dec.		Venus Lat.	Venus Dec.		Mars Lat.	Mars Dec.		Jupiter Lat.	Jupiter Dec.
	° ′	° ′	° ′	° ′	° ′	° ′	° ′	° ′	° ′	° ′	° ′
1	2 S 56	3 N 06	3 N 33	0 S 24	17 N 10	17 N 33	1 S 37	12 S 54	12 S 39	1 N 33	2 S 48
3	2 57	4 02	4 31	0 19	17 54	18 15	1 39	12 25	12 10	1 33	2 44
5	2 57	5 02	5 34	0 14	18 36	18 56	1 41	11 55	11 40	1 32	2 40
7	2 53	6 07	6 41	0 10	19 16	19 35	1 43	11 25	11 10	1 32	2 37
9	2 48	7 16	7 52	0 S 05	19 54	20 12	1 45	10 55	10 40	1 32	2 33
11	2 40	8 29	9 07	0 00	20 29	20 46	1 48	10 25	10 10	1 31	2 30
13	2 30	9 45	10 24	0 N 05	21 03	21 19	1 50	9 54	9 39	1 31	2 27
15	2 18	11 04	11 44	0 10	21 34	21 49	1 52	9 23	9 08	1 30	2 25
17	2 04	12 25	13 06	0 15	22 03	22 16	1 54	8 52	8 37	1 30	2 22
19	1 49	13 47	14 28	0 20	22 29	22 41	1 56	8 21	8 06	1 29	2 20
21	1 31	15 10	15 51	0 25	22 53	23 04	1 58	7 50	7 34	1 29	2 18
23	1 12	16 33	17 14	0 29	23 14	23 23	1 59	7 18	7 02	1 28	2 17
25	0 52	17 54	18 34	0 34	23 32	23 40	2 01	6 47	6 31	1 28	2 16
27	0 31	19 13	19 50	0 39	23 48	23 55	2 03	6 15	5 59	1 27	2 15
29	0 S 10	20 27	21 N 02	0 43	24 01	24 N 06	2 05	5 43	5 S 27	1 27	2 14
31	0 N 11	21 N 36		0 N 48	24 N 11		2 S 07	5 S 11		1 N 26	2 S 14

FIRST QUARTER–May 16,08h.57m. (25° ♌ 36′)

FULL MOON–May 23,20h.18m. (2°♐47′)

D M	☿ Long.	♀ Long.	♂ Long.	♃ Long.	♄ Long.	♅ Long.	♆ Long.	♇ Long.	☉	☿	♀	♂	♃	♄	♅	♆	♇
	° ′	° ′	° ′	° ′	° ′	° ′	° ′	° ′									
1	14♈45	19♉19	0♓16	10♎41	21♋50	9♓59	17♒31	24♐12	□	⚹	□		△		⊻	☌	∠
2	15 58	20 33	1 00	10R 36	21 55	10 01	17 31	24R 11		∠		☌	⚼				⚹
3	17 13	21 47	1 43	10 30	21 59	10 03	17 32	24 10	⚹	⊻				⚼	☌	⊻	
4	18 31	23 01	2 27	10 25	22 03	10 05	17 32	24 08	∠		⚹	⊻		△		∠	□
5	19 51	24 15	3 10	10 19	22 08	10 07	17 33	24 07	⊻		∠		☍		⊻		
6	21 13	25 28	3 54	10 14	22 12	10 09	17 33	24 06		☌	⊻	∠		□	∠	⚹	△
7	22 37	26 42	4 37	10 09	22 17	10 10	17 34	24 05				⚹			⚹		⚼
8	24 04	27 56	5 21	10 04	22 21	10 12	17 34	24 04	☌	⊻			⚼	⚹		□	
9	25 32	29♉10	6 04	10 00	22 26	10 14	17 34	24 03			☌	□		∠			
10	27 03	0♊24	6 47	9 55	22 31	10 16	17 35	24 01	⊻	∠			△		□	△	
11	28♈36	1 38	7 31	9 51	22 36	10 17	17 35	24 00		⚹	⊻			⊻		⚼	☍
12	0♉11	2 51	8 14	9 46	22 41	10 19	17 35	23 59	∠			△	□		△		
13	1 48	4 05	8 57	9 42	22 46	10 20	17 36	23 58	⚹		∠	⚼		☌	⚼		
14	3 27	5 19	9 40	9 38	22 51	10 22	17 36	23 56		□	⚹						⚼
15	5 08	6 33	10 24	9 35	22 56	10 23	17 36	23 55					⚹			☍	
16	6 52	7 46	11 07	9 31	23 02	10 25	17 36	23 54	□				∠	⊻			△
17	8 37	9 00	11 50	9 28	23 07	10 26	17 36	23 52		△	□	☍	⊻	∠	☍		
18	10 24	10 14	12 33	9 24	23 12	10 28	17 36	23 51		⚼				⚹			□
19	12 13	11 27	13 16	9 21	23 18	10 29	17 36	23 50	△				●			⚼	
20	14 05	12 41	13 59	9 18	23 24	10 30	17R 36	23 48	⚼		△					△	
21	15 58	13 55	14 42	9 16	23 29	10 31	17 36	23 47			⚼	⚼		□	⚼		⚹
22	17 54	15 08	15 25	9 13	23 35	10 32	17 36	23 45		☍		△	⊻		△	□	∠
23	19 51	16 22	16 08	9 11	23 41	10 34	17 36	23 44	☍				∠	△			⊻
24	21 51	17 35	16 51	9 08	23 46	10 35	17 36	23 42			☍	□	⚹	⚼	□	⚹	
25	23 52	18 49	17 34	9 06	23 52	10 36	17 36	23 41								∠	☌
26	25 55	20 02	18 17	9 05	23 58	10 37	17 36	23 40		⚼		⚹	□		⚹	⊻	
27	28♉00	21 16	19 00	9 03	24 04	10 38	17 35	23 38	⚼	△				☍	∠		⊻
28	0♊07	22 29	19 42	9 01	24 10	10 38	17 35	23 37	△		⚼	∠	△		⊻	☌	∠
29	2 15	23 43	20 25	9 00	24 17	10 39	17 35	23 35			△	⊻	⚼				⚹
30	4 24	24 56	21 08	8 59	24 23	10 40	17 34	23 34	□	□				⚼	☌		
31	6♊34	26♊10	21♓50	8♎58	24♋29	10♓41	17♒34	23♐32			□	●		△		⊻	□

D M	Saturn Lat.	Saturn Dec.	Uranus Lat.	Uranus Dec.	Neptune Lat.	Neptune Dec.	Pluto Lat.	Pluto Dec.
	° ′	° ′	° ′	° ′	° ′	° ′	° ′	° ′
1	0N11	21N51	0S45	8S31	0S07	15S42	8N18	15S02
3	0 11	21 49	0 45	8 30	0 07	15 42	8 18	15 01
5	0 11	21 48	0 45	8 28	0 07	15 41	8 18	15 01
7	0 11	21 47	0 45	8 27	0 07	15 41	8 18	15 01
9	0 11	21 45	0 45	8 26	0 07	15 41	8 18	15 01
11	0 11	21 44	0 45	8 25	0 07	15 41	8 18	15 01
13	0 11	21 42	0 45	8 23	0 07	15 41	8 18	15 00
15	0 12	21 41	0 45	8 22	0 07	15 40	8 18	15 00
17	0 12	21 39	0 46	8 21	0 07	15 40	8 19	15 00
19	0 12	21 37	0 46	8 20	0 07	15 40	8 19	15 00
21	0 12	21 36	0 46	8 20	0 07	15 40	8 19	15 00
23	0 12	21 34	0 46	8 19	0 07	15 40	8 19	14 59
25	0 12	21 32	0 46	8 18	0 07	15 41	8 19	14 59
27	0 12	21 30	0 46	8 17	0 07	15 41	8 19	14 59
29	0 13	21 28	0 46	8 17	0 07	15 41	8 19	14 59
31	0N13	21N26	0S46	8S16	0S07	15S41	8N19	14S59

Mutual Aspects

1 ☉∇♃.
2 ☿∠♂. ☿⊥♅.
3 ☿⚹♆. ♀⚹♄. ♀Q♅. ☉#♆.
5 ☉Q♂. ♀∇♇.
6 ☉±♃. ♀⚼♃. ♂±♃.
7 ☿□♄. ♃∇♅.
8 ☉□♆. ☉±♇. ☿△♇.
9 ☿∠♅. ♂Q♇.
11 ♂⚼♄. ☿#♅.
12 ☉Q♅. ☿Q♆.
13 ☉⚹♄. ☿#♂.
14 ☉∇♇. ♂∇♃.
15 ☉⚼♃. ♂☌♅. ♀∥♄.
16 ♀∠♄.
17 ☿∇♃. ☿⚼♇. ♀△♃.
18 ☿⊻♀. ☿Q♄. ☿⚹♅. ♀□♅.
19 ♂∥♅. ♆Stat.
20 ☿⚹♂.
21 ☿±♃. ☿#♇.
22 ☿□♆. ☿±♇. ☿#♆.
23 ♀□♂. ♄∇♇.
24 ☿Q♅. ♀⊥♄. ♀△♆.
25 ☿⚼♃. ☿⚹♄. ☿∇♇. ♂⊻♆.
28 ☉∥♄.
29 ☿Q♂. ♀☍♇.
30 ☉△♃. ☉∠♄. ♀⊻♄.
31 ☿∥♄.

LAST QUARTER–May 1,06h.24m. (10°♒59′) & May 30,11h.47m. (9°♓10′)

NEW MOON–June 6,21h.55m. (16°♊16′)

D M	D W	Sidereal Time	☉ Long.	☉ Dec.	☽ Long.	☽ Lat.	☽ Dec.	☽ Node	24h. ☽ Long.	24h. ☽ Dec.
		h m s	° ′ ″	° ′	° ′ ″	° ′	° ′	° ′	° ′ ″	° ′
1	W	4 40 17	11 ♊ 05 13	22 N06	6 ♈ 40 39	1 S20	1 N25	20 ♈ 18	13 ♈ 21 47	4 N35
2	Th	4 44 14	12 02 43	22 14	19 59 21	0 S10	7 40	20 15	26 33 29	10 39
3	F	4 48 10	13 00 12	22 22	3 ♉ 04 23	1 N00	13 29	20 12	9 ♉ 32 12	16 09
4	S	4 52 07	13 57 41	22 29	15 57 04	2 06	18 38	20 09	22 19 06	20 52
5	Su	4 56 03	14 55 08	22 35	28 38 23	3 04	22 51	20 05	4 ♊ 55 01	24 33
6	M	5 00 00	15 52 35	22 42	11 ♊ 09 04	3 53	25 57	20 02	17 20 37	27 02
7	T	5 03 56	16 50 01	22 47	23 29 43	4 29	27 46	19 59	29 36 29	28 09
8	W	5 07 53	17 47 26	22 53	5 ♋ 41 02	4 53	28 12	19 56	11 ♋ 43 31	27 54
9	Th	5 11 50	18 44 50	22 58	17 44 05	5 04	27 17	19 53	23 42 59	26 20
10	F	5 15 46	19 42 13	23 02	29 40 28	5 00	25 07	19 50	5 ♌ 36 51	23 37
11	S	5 19 43	20 39 36	23 07	11 ♌ 32 30	4 44	21 52	19 46	17 27 50	19 55
12	Su	5 23 39	21 36 57	23 11	23 23 18	4 16	17 45	19 43	29 19 25	15 25
13	M	5 27 36	22 34 17	23 14	5 ♍ 16 43	3 37	12 56	19 40	11 ♍ 15 47	10 19
14	T	5 31 32	23 31 36	23 17	17 17 14	2 47	7 35	19 37	23 21 41	4 N46
15	W	5 35 29	24 28 55	23 20	29 29 48	1 50	1 N53	19 34	5 ♎ 42 12	1 S04
16	Th	5 39 25	25 26 12	23 22	11 ♎ 59 30	0 N45	4 S03	19 30	18 22 18	7 02
17	F	5 43 22	26 23 29	23 23	24 51 09	0 S23	9 59	19 27	1 ♏ 26 29	12 53
18	S	5 47 19	27 20 45	23 25	8 ♏ 08 40	1 32	15 41	19 24	14 57 55	18 20
19	Su	5 51 15	28 18 00	23 26	21 54 19	2 39	20 48	19 21	28 57 46	23 00
20	M	5 55 12	29 ♊ 15 15	23 26	6 ♐ 07 58	3 37	24 54	19 18	13 ♐ 24 23	26 25
21	T	5 59 08	0 ♋ 12 29	23 26	20 46 19	4 23	27 30	19 15	28 12 52	28 06
22	W	6 03 05	1 09 42	23 26	5 ♑ 42 56	4 52	28 11	19 11	13 ♑ 15 19	27 45
23	Th	6 07 01	2 06 55	23 25	20 48 44	5 01	26 48	19 08	28 21 55	25 21
24	F	6 10 58	3 04 08	23 24	5 ♒ 53 35	4 50	23 29	19 05	13 ♒ 22 37	21 13
25	S	6 14 54	4 01 21	23 23	20 48 00	4 18	18 38	19 02	28 08 54	15 49
26	Su	6 18 51	4 58 33	23 21	5 ♓ 24 42	3 31	12 47	18 59	12 ♓ 34 57	9 38
27	M	6 22 48	5 55 46	23 18	19 39 24	2 31	6 S24	18 56	26 37 59	3 S08
28	T	6 26 44	6 52 58	23 16	3 ♈ 30 44	1 23	0 N07	18 52	10 ♈ 17 50	3 N20
29	W	6 30 41	7 50 11	23 13	16 59 33	0 S13	6 28	18 49	23 36 14	9 30
30	Th	6 34 37	8 ♋ 47 24	23 N09	0 ♉ 08 14	0 N56	12 N24	18 ♈ 46	6 ♉ 35 55	15 N08

D M	Mercury Lat.	Mercury Dec.		Venus Lat.	Venus Dec.		Mars Lat.	Mars Dec.		Jupiter Lat.	Jupiter Dec.
	° ′	° ′	° ′	° ′	° ′	° ′	° ′	° ′	° ′	° ′	° ′
1	0 N22	22 N07	22 N 37	0 N 50	24 N15	24 N18	2 S 08	4 S55	4 S 39	1 N 26	2 S14
3	0 42	23 04	23 29	0 55	24 21	24 23	2 10	4 23	4 07	1 26	2 14
5	1 00	23 52	24 12	0 59	24 24	24 24	2 12	3 51	3 35	1 25	2 14
7	1 17	24 29	24 43	1 03	24 24	24 23	2 13	3 19	3 03	1 25	2 15
9	1 31	24 55	25 03	1 07	24 21	24 19	2 15	2 47	2 32	1 24	2 16
11	1 43	25 09	25 13	1 10	24 16	24 12	2 17	2 16	2 00	1 24	2 17
13	1 51	25 13	25 11	1 14	24 07	24 02	2 19	1 44	1 28	1 23	2 18
15	1 57	25 07	25 00	1 17	23 56	23 49	2 20	1 13	0 57	1 22	2 20
17	2 00	24 52	24 41	1 20	23 42	23 34	2 22	0 41	0 S 26	1 22	2 22
19	1 59	24 28	24 13	1 23	23 25	23 16	2 24	0 S10	0 N 06	1 21	2 25
21	1 56	23 57	23 39	1 26	23 06	22 55	2 25	0 N21	0 37	1 21	2 27
23	1 50	23 19	22 59	1 29	22 43	22 31	2 27	0 52	1 07	1 20	2 30
25	1 42	22 37	22 14	1 31	22 19	22 05	2 28	1 23	1 38	1 20	2 33
27	1 31	21 50	21 25	1 33	21 51	21 37	2 30	1 53	2 08	1 19	2 37
29	1 17	21 00	20 N 33	1 35	21 22	21 N06	2 31	2 23	2 N 38	1 19	2 40
31	1 N01	20 N07		1 N 36	20 N49		2 S 32	2 N53		1 N 18	2 S44

FIRST QUARTER–June15,01h.22m. (24°♍04′)

FULL MOON–June22,04h.14m. (0°♑51′)

D M	☿ Long.	♀ Long.	♂ Long.	♃ Long.	♄ Long.	♅ Long.	♆ Long.	♇ Long.	☉	☿	♀	♂	♃	♄	♅	♆	♇
	° ′	° ′	° ′	° ′	° ′	° ′	° ′	° ′									
1	8♊45	27♊23	22♓33	8♎57	24♋35	10♓41	17♒34	23♐31	∗	∗			☍		⊻	∠	
2	10 57	28 37	23 15	8R 57	24 42	10 42	17R 33	23R 29				⊻		□	∠	∗	△
3	13 09	29♊50	23 58	8 56	24 48	10 43	17 33	23 27	∠	∠	∗	∠					⚼
4	15 21	1♋03	24 40	8 56	24 55	10 43	17 32	23 26	⊻	⊻	∠				∗	□	
5	17 33	2 17	25 22	8D 56	25 01	10 44	17 32	23 24			⊻	∗	⚼	∗			
6	19 44	3 30	26 05	8 56	25 08	10 44	17 31	23 23	☌				△	∠	□		
7	21 55	4 43	26 47	8 56	25 14	10 45	17 31	23 21		☌		□		⊻		△	☍
8	24 05	5 57	27 29	8 57	25 21	10 45	17 30	23 20			☌		□		△	⚼	
9	26 13	7 10	28 11	8 57	25 28	10 45	17 30	23 18	⊻								
10	28♊20	8 23	28 53	8 58	25 34	10 45	17 29	23 16	∠	⊻		△		☌	⚼		
11	0♋26	9 36	29♓35	8 59	25 41	10 46	17 28	23 15		∠	⊻	⚼	∗				⚼
12	2 29	10 50	0♈17	9 01	25 48	10 46	17 28	23 13	∗		∠		∠	⊻		☍	△
13	4 31	12 03	0 58	9 02	25 55	10 46	17 27	23 12		∗			⊻	∠	☍		
14	6 31	13 16	1 40	9 03	26 02	10 46	17 26	23 10			∗						□
15	8 29	14 29	2 21	9 05	26 09	10R 46	17 25	23 09	□			☍		∗		⚼	
16	10 24	15 42	3 03	9 07	26 16	10 46	17 24	23 07		□	□		☌			△	
17	12 17	16 56	3 44	9 09	26 23	10 46	17 24	23 05	△					□	⚼		∗
18	14 08	18 09	4 26	9 11	26 30	10 46	17 23	23 04	⚼				⊻		△		∠
19	15 57	19 22	5 07	9 14	26 37	10 45	17 22	23 02		△	△	⚼	∠	△		□	⊻
20	17 43	20 35	5 48	9 16	26 44	10 45	17 21	23 01		⚼	⚼	△	∗	⚼	□		
21	19 27	21 48	6 29	9 19	26 52	10 45	17 20	22 59								∗	☌
22	21 09	23 01	7 10	9 22	26 59	10 45	17 19	22 58	☍			□	□		∗	∠	
23	22 48	24 14	7 51	9 25	27 06	10 44	17 18	22 56		☍	☍			☍	∠	⊻	⊻
24	24 25	25 27	8 31	9 29	27 13	10 44	17 17	22 54				∗	△		⊻		∠
25	26 00	26 40	9 12	9 32	27 21	10 43	17 16	22 53	⚼			∠	⚼			☌	∗
26	27 32	27 53	9 52	9 36	27 28	10 43	17 15	22 51	△			⊻		⚼	☌		
27	29♋01	29♋06	10 33	9 39	27 35	10 42	17 14	22 50		⚼	⚼					⊻	□
28	0♌29	0♌19	11 13	9 43	27 43	10 42	17 12	22 48	□	△	△		☍	△		∠	
29	1 54	1 31	11 53	9 47	27 50	10 41	17 11	22 47				☌			⊻	∗	△
30	3♌16	2♌44	12♈33	9♎52	27♋58	10♓40	17♒10	22♐45		□	□			□	∠		

D M	Saturn Lat.	Saturn Dec.	Uranus Lat.	Uranus Dec.	Neptune Lat.	Neptune Dec.	Pluto Lat.	Pluto Dec.
	° ′	° ′	° ′	° ′	° ′	° ′	° ′	° ′
1	0N13	21N25	0S46	8S16	0S07	15S41	8N18	14S59
3	0 13	21 23	0 46	8 16	0 07	15 42	8 18	14 59
5	0 13	21 21	0 46	8 15	0 07	15 42	8 18	14 59
7	0 13	21 18	0 46	8 15	0 08	15 42	8 18	14 59
9	0 13	21 16	0 46	8 15	0 08	15 43	8 18	14 59
11	0 14	21 14	0 47	8 15	0 08	15 43	8 18	14 59
13	0 14	21 11	0 47	8 15	0 08	15 44	8 18	14 59
15	0 14	21 09	0 47	8 15	0 08	15 44	8 17	14 59
17	0 14	21 06	0 47	8 15	0 08	15 45	8 17	14 59
19	0 14	21 04	0 47	8 15	0 08	15 45	8 17	14 59
21	0 14	21 01	0 47	8 16	0 08	15 46	8 17	14 59
23	0 14	20 59	0 47	8 16	0 08	15 46	8 16	14 59
25	0 15	20 56	0 47	8 16	0 08	15 47	8 16	14 59
27	0 15	20 53	0 47	8 17	0 08	15 48	8 16	15 00
29	0 15	20 50	0 47	8 17	0 08	15 49	8 15	15 00
31	0N15	20N48	0S47	8S18	0S08	15S49	8N15	15S00

Mutual Aspects

1 ☉□♅. ☿△♃. ☿∠♄. ☉∥☿.
2 ☿□♅. ♂⊥♆. ♂□♇.
3 ☉☌☿. 4 ♂△♄.
5 ☿△♆. ♀⚼♆. ♃Stat.
6 ☿⊥♄. 7 ☿∥♀.
8 ☉△♆. ☿☍♇.
9 ☿⊻♄.
10 ☉⊥♄. ☿□♂. ♀□♃.
11 ♂∥♃.
12 ☿⚼♆. ♀△♅. ♄⚼♅.
13 ♀±♆.
14 ☉☍♇. ♅Stat.
15 ☿□♃. ♂∠♆.
16 ☿△♅.
17 ☉⊻♄. ☿±♆. ♀⚻♆.
19 ☉∥♀. 20 ☿⚻♆.
22 ♀⚻♇.
23 ☉⚼♆. ☿⚻♇. ☉∥☿.
24 ♀⚼♅. 25 ☿⚼♅.
26 ☿Q♃. ☿☌♄. ♀Q♃. ♀☌♄. ♂☍♃.
27 ☿☌♀. ☿±♇. ♀±♇. ♂⊻♅. ☿∥♀.
28 ♃Q♄. 29 ☿∥♄.
30 ♂♯♃.

LAST QUARTER–June28,18h.23m. (7°♈08′)

NEW MOON–July 6,12h.02m. (14°♋31′)

D M	D W	Sidereal Time	☉ Long.	☉ Dec.	☽ Long.	☽ Lat.	☽ Dec.	☽ Node	24h. ☽ Long.	24h. ☽ Dec.
		h m s	° ′ ″	° ′	° ′ ″	° ′	° ′	° ′	° ′ ″	° ′
1	F	6 38 34	9 ♋ 44 37	23 N05	12 ♉ 59 41	2 N01	17 N40	18 ♈ 43	19 ♉ 19 55	19 N59
2	S	6 42 30	10 41 50	23 01	25 36 57	2 58	22 03	18 40	1 ♊ 51 06	23 52
3	Su	6 46 27	11 39 03	22 56	8 ♊ 02 40	3 46	25 23	18 36	14 11 53	26 35
4	M	6 50 23	12 36 17	22 51	20 18 58	4 23	27 28	18 33	26 24 08	28 00
5	T	6 54 20	13 33 30	22 45	2 ♋ 27 31	4 47	28 12	18 30	8 ♋ 29 18	28 04
6	W	6 58 17	14 30 44	22 39	14 29 36	4 59	27 36	18 27	20 28 34	26 49
7	Th	7 02 13	15 27 57	22 33	26 26 21	4 57	25 43	18 24	2 ♌ 23 08	24 21
8	F	7 06 10	16 25 11	22 26	8 ♌ 19 06	4 42	22 43	18 21	14 14 28	20 51
9	S	7 10 06	17 22 25	22 19	20 09 31	4 14	18 47	18 17	26 04 32	16 32
10	Su	7 14 03	18 19 38	22 11	1 ♍ 59 53	3 36	14 08	18 14	7 ♍ 55 57	11 35
11	M	7 17 59	19 16 52	22 03	13 53 12	2 48	8 56	18 11	19 52 06	6 11
12	T	7 21 56	20 14 05	21 55	25 53 11	1 53	3 N21	18 08	1 ♎ 57 03	0 N29
13	W	7 25 52	21 11 19	21 46	8 ♎ 04 16	0 N51	2 S26	18 05	14 15 27	5 S21
14	Th	7 29 49	22 08 32	21 37	20 31 16	0 S15	8 15	18 01	26 52 18	11 07
15	F	7 33 46	23 05 46	21 28	3 ♏ 19 11	1 22	13 54	17 58	9 ♏ 52 26	16 35
16	S	7 37 42	24 03 00	21 18	16 32 31	2 26	19 07	17 55	23 19 50	21 27
17	Su	7 41 39	25 00 13	21 08	0 ♐ 14 37	3 25	23 32	17 52	7 ♐ 16 55	25 19
18	M	7 45 35	25 57 28	20 57	14 26 37	4 13	26 43	17 49	21 43 22	27 42
19	T	7 49 32	26 54 42	20 47	29 06 36	4 46	28 12	17 46	6 ♑ 35 30	28 12
20	W	7 53 28	27 51 57	20 35	14 ♑ 09 02	5 00	27 40	17 42	21 45 59	26 37
21	Th	7 57 25	28 49 12	20 24	29 24 58	4 54	25 04	17 39	7 ♒ 04 34	23 03
22	F	8 01 21	29 ♋ 46 27	20 12	14 ♒ 43 19	4 26	20 40	17 36	22 19 50	17 56
23	S	8 05 18	0 ♌ 43 43	20 00	29 52 51	3 40	14 57	17 33	7 ♓ 21 17	11 46
24	Su	8 09 15	1 41 00	19 47	14 ♓ 44 12	2 40	8 28	17 30	22 00 58	5 S06
25	M	8 13 11	2 38 18	19 34	29 11 08	1 31	1 S43	17 27	6 ♈ 14 29	1 N39
26	T	8 17 08	3 35 36	19 21	13 ♈ 10 56	0 S18	4 N56	17 23	20 00 38	8 06
27	W	8 21 04	4 32 56	19 08	26 43 50	0 N54	11 08	17 20	3 ♉ 20 52	14 00
28	Th	8 25 01	5 30 16	18 54	9 ♉ 52 10	2 00	16 40	17 17	16 18 12	19 07
29	F	8 28 57	6 27 38	18 40	22 39 28	2 59	21 19	17 14	28 56 28	23 15
30	S	8 32 54	7 25 01	18 25	5 ♊ 09 41	3 48	24 54	17 11	11 ♊ 19 35	26 14
31	Su	8 36 50	8 ♌ 22 25	18 N10	17 ♊ 26 38	4 N25	27 N15	17 ♈ 07	23 ♊ 31 13	27 N56

D M	Mercury Lat.	Mercury Dec.		Venus Lat.	Venus Dec.		Mars Lat.	Mars Dec.		Jupiter Lat.	Jupiter Dec.
	° ′	° ′	° ′	° ′	° ′	° ′	° ′	° ′	° ′	° ′	° ′
1	1 N01	20 N07	19 N 39	1 N 36	20 N49	20 N32	2 S 32	2 N53	3 N 08	1 N 18	2 S44
3	0 44	19 12	18 44	1 37	20 15	19 57	2 34	3 22	3 37	1 18	2 48
5	0 24	18 16	17 48	1 38	19 38	19 19	2 35	3 51	4 06	1 17	2 52
7	0 N02	17 20	16 52	1 39	18 59	18 39	2 36	4 20	4 34	1 17	2 57
9	0 S21	16 24	15 57	1 39	18 19	17 57	2 37	4 49	5 03	1 16	3 02
11	0 45	15 30	15 04	1 39	17 36	17 14	2 39	5 17	5 30	1 16	3 07
13	1 11	14 38	14 13	1 39	16 51	16 28	2 40	5 44	5 58	1 16	3 12
15	1 38	13 49	13 26	1 38	16 05	15 41	2 41	6 11	6 25	1 15	3 17
17	2 06	13 04	12 43	1 37	15 17	14 52	2 42	6 38	6 51	1 15	3 23
19	2 34	12 24	12 06	1 36	14 27	14 02	2 43	7 04	7 17	1 14	3 29
21	3 02	11 50	11 35	1 34	13 36	13 10	2 43	7 30	7 43	1 14	3 35
23	3 28	11 22	11 12	1 33	12 43	12 17	2 44	7 55	8 08	1 13	3 41
25	3 53	11 03	10 56	1 30	11 50	11 22	2 45	8 20	8 32	1 13	3 47
27	4 16	10 52	10 50	1 28	10 55	10 27	2 46	8 44	8 56	1 13	3 54
29	4 34	10 51	10 N 53	1 25	9 59	9 N30	2 46	9 08	9 N 20	1 12	4 01
31	4 S47	10 N59		1 N 22	9 N02		2 S 47	9 N31		1 N 12	4 S08

FIRST QUARTER–July14,15h.20m. (22°♎16′)

D M	☿ Long.	♀ Long.	♂ Long.	♃ Long.	♄ Long.	♅ Long.	♆ Long.	♇ Long.	☉	☿	♀	♂	♃	♄	♅	♆	♇
	° ′	° ′	° ′	° ′	° ′	° ′	° ′	° ′									
1	4♌36	3♌57	13♈13	9♎56	28♋05	10♓39	17♒09	22♐44	✱			⚻			✱	□	⚼
2	5 53	5 10	13 53	10 01	28 13	10R 39	17R 08	22R 42	∠			∠	⚼	✱			
3	7 08	6 23	14 33	10 05	28 20	10 38	17 07	22 41	⚻	✱	✱		△	∠	□		
4	8 20	7 36	15 12	10 10	28 28	10 37	17 05	22 39		∠	∠	✱				△	☍
5	9 29	8 48	15 52	10 15	28 35	10 36	17 04	22 38						⚻		⚼	
6	10 36	10 01	16 31	10 20	28 43	10 35	17 03	22 36	☌	⚻	⚻	□	□		△		
7	11 39	11 14	17 10	10 26	28 51	10 34	17 01	22 35						☌	⚼		
8	12 40	12 26	17 49	10 31	28 58	10 33	17 00	22 34		☌	☌		✱				⚼
9	13 37	13 39	18 28	10 37	29 06	10 32	16 59	22 32	⚻			△	∠			☍	△
10	14 32	14 52	19 06	10 42	29 14	10 31	16 57	22 31	∠			⚼		⚻			
11	15 23	16 04	19 45	10 48	29 21	10 29	16 56	22 29	✱	⚻	⚻		⚻	∠	☍		
12	16 11	17 17	20 23	10 54	29 29	10 28	16 55	22 28		∠				✱		⚼	□
13	16 55	18 29	21 01	11 01	29 37	10 27	16 53	22 27			∠		☌				
14	17 35	19 42	21 39	11 07	29 44	10 26	16 52	22 25	□	✱	✱	☍			⚼	△	✱
15	18 12	20 54	22 17	11 13	29♋52	10 24	16 50	22 24						□			∠
16	18 44	22 07	22 54	11 20	0♌00	10 23	16 49	22 23		□	□		⚻		△	□	⚻
17	19 12	23 19	23 32	11 27	0 08	10 21	16 47	22 22	△				∠	△			
18	19 37	24 32	24 09	11 34	0 15	10 20	16 46	22 20	⚼	△		⚼	✱	⚼	□	✱	
19	19 56	25 44	24 46	11 41	0 23	10 18	16 44	22 19		⚼	△	△				∠	☌
20	20 11	26 56	25 23	11 48	0 31	10 17	16 43	22 18			⚼		□		✱	⚻	
21	20 22	28 09	25 59	11 55	0 39	10 15	16 41	22 17	☍			□		☍	∠		⚻
22	20 27	29♌21	26 36	12 02	0 46	10 14	16 40	22 16		☍			△		⚻	☌	✱
23	20R 28	0♍33	27 12	12 10	0 54	10 12	16 38	22 14			☍	✱	⚼				
24	20 23	1 45	27 48	12 18	1 02	10 10	16 37	22 13	⚼			∠		⚼	☌	⚻	
25	20 14	2 57	28 24	12 25	1 10	10 09	16 35	22 12	△	⚼		⚻		△		∠	□
26	20 00	4 09	28 59	12 33	1 17	10 07	16 33	22 11		△	⚼		☍		⚻	✱	
27	19 41	5 22	29♈35	12 41	1 25	10 05	16 32	22 10				☌		□	∠		△
28	19 17	6 34	0♉10	12 49	1 33	10 03	16 30	22 09	□		△				✱		⚼
29	18 48	7 46	0 45	12 58	1 41	10 01	16 29	22 08		□			⚼			□	
30	18 16	8 58	1 19	13 06	1 48	10 00	16 27	22 07	✱		□	⚻		✱	□		
31	17♌39	10♍10	1♉54	13♎14	1♌56	9♓58	16♒26	22♐06		✱		∠	△	∠		△	☍

D M	Saturn Lat.	Saturn Dec.	Uranus Lat.	Uranus Dec.	Neptune Lat.	Neptune Dec.	Pluto Lat.	Pluto Dec.
	° ′	° ′	° ′	° ′	° ′	° ′	° ′	° ′
1	0N15	20N48	0S47	8S18	0S08	15S49	8N15	15S00
3	0 15	20 45	0 47	8 19	0 08	15 50	8 15	15 00
5	0 15	20 42	0 47	8 20	0 08	15 51	8 14	15 00
7	0 16	20 39	0 48	8 20	0 08	15 52	8 14	15 01
9	0 16	20 36	0 48	8 21	0 08	15 52	8 14	15 01
11	0 16	20 33	0 48	8 22	0 08	15 53	8 13	15 01
13	0 16	20 30	0 48	8 23	0 08	15 54	8 13	15 02
15	0 16	20 27	0 48	8 24	0 08	15 55	8 12	15 02
17	0 16	20 24	0 48	8 25	0 08	15 56	8 12	15 02
19	0 17	20 20	0 48	8 27	0 08	15 57	8 11	15 03
21	0 17	20 17	0 48	8 28	0 08	15 58	8 11	15 03
23	0 17	20 14	0 48	8 29	0 08	15 59	8 10	15 03
25	0 17	20 11	0 48	8 30	0 08	16 00	8 10	15 04
27	0 17	20 08	0 48	8 32	0 08	16 01	8 09	15 04
29	0 17	20 04	0 48	8 33	0 08	16 02	8 08	15 05
31	0N18	20N01	0S48	8S35	0S08	16S03	8N08	15S05

Mutual Aspects

1 ☉□♃. ☿±♅. ♀∥♄.
2 ☉△♅. ☉±♆. ♀±♅.
3 ☿⚼♇.
4 ♀⚼♇.
5 ♄±♇.
6 ☿✱♃. ☿▽♅. ♀✱♃. ♀▽♅. ♂⊥♅.
7 ♂✱♆.
8 ♃▽♅. ♃Q♇.
9 ☉▽♆. ☿☌♀.
10 ☿⋕♆.
12 ☉□♂. ♀☍♆. ☿⋕♇.
13 ☿☍♆.
14 ☉▽♇.
15 ♂△♇. ♀⋕♆.
16 ♀△♇.
17 ☉⚼♅. ♀△♂.
18 ♀⋕♇.
20 ☉±♇. ♀∠♃. ♂∠♅.
22 ☉Q♃. ☉∥♄.
23 ☉☌♄. ♀⊻♄. ☿Stat.
24 ☉⊻♀.
25 ♂Q♆.
26 ♂⋕♅.
27 ☉±♅. ☿∥♀.
28 ♀⊥♃.
29 ♀⊥♄.
30 ☉⚼♇. ♀∥♂.
31 ♀☍♅. ♂□♄.

NEW MOON–Aug. 5,03h.05m. (12°♌48′)

D M	D W	Sidereal Time	☉ Long.	☉ Dec.	☽ Long.	☽ Lat.	☽ Dec.	☽ Node	24h. ☽ Long.	24h. ☽ Dec.
		h m s	° ′ ″	° ′	° ′ ″	° ′	° ′	° ′	° ′ ″	° ′
1	M	8 40 47	9 ♌ 19 50	17 N55	29 ♊ 33 43	4 N50	28 N16	17 ♈ 04	5 ♋ 34 29	28 N16
2	T	8 44 43	10 17 15	17 40	11 ♋ 33 47	5 01	27 56	17 01	17 31 55	27 17
3	W	8 48 40	11 14 42	17 24	23 29 06	5 00	26 19	16 58	29 25 33	25 04
4	Th	8 52 37	12 12 10	17 08	5 ♌ 21 29	4 45	23 32	16 55	11 ♌ 17 05	21 46
5	F	8 56 33	13 09 39	16 52	17 12 31	4 18	19 46	16 52	23 08 01	17 35
6	S	9 00 30	14 07 09	16 36	29 03 45	3 40	15 14	16 48	4 ♍ 59 59	12 44
7	Su	9 04 26	15 04 40	16 19	10 ♍ 56 57	2 52	10 07	16 45	16 54 57	7 23
8	M	9 08 23	16 02 11	16 02	22 54 18	1 56	4 N35	16 42	28 55 22	1 N44
9	T	9 12 19	16 59 44	15 45	4 ♎ 58 33	0 N54	1 S09	16 39	11 ♎ 04 18	4 S03
10	W	9 16 16	17 57 17	15 27	17 13 05	0 S11	6 56	16 36	23 25 24	9 47
11	Th	9 20 12	18 54 51	15 09	29 41 46	1 17	12 34	16 33	6 ♏ 02 44	15 16
12	F	9 24 09	19 52 27	14 51	12 ♏ 28 49	2 21	17 50	16 29	19 00 32	20 13
13	S	9 28 06	20 50 03	14 33	25 38 20	3 20	22 24	16 26	2 ♐ 22 38	24 20
14	Su	9 32 02	21 47 40	14 15	9 ♐ 13 42	4 09	25 56	16 23	16 11 43	27 11
15	M	9 35 59	22 45 18	13 56	23 16 43	4 45	28 01	16 20	0 ♑ 28 32	28 24
16	T	9 39 55	23 42 57	13 37	7 ♑ 46 48	5 04	28 17	16 17	15 10 56	27 39
17	W	9 43 52	24 40 38	13 18	22 40 10	5 04	26 32	16 13	0 ♒ 13 30	24 55
18	Th	9 47 48	25 38 19	12 58	7 ♒ 49 46	4 43	22 51	16 10	15 27 40	20 24
19	F	9 51 45	26 36 01	12 39	23 05 52	4 01	17 36	16 07	0 ♓ 42 57	14 33
20	S	9 55 41	27 33 45	12 19	8 ♓ 17 38	3 02	11 17	16 04	15 48 42	7 52
21	Su	9 59 38	28 31 30	11 59	23 15 03	1 52	4 S23	16 01	0 ♈ 35 51	0 S54
22	M	10 03 35	29 ♌ 29 17	11 39	7 ♈ 50 25	0 S36	2 N34	15 58	14 58 17	5 N57
23	T	10 07 31	0 ♍ 27 05	11 19	21 59 12	0 N41	9 12	15 54	28 53 05	12 17
24	W	10 11 28	1 24 55	10 58	5 ♉ 40 02	1 52	15 11	15 51	12 ♉ 20 16	17 51
25	Th	10 15 24	2 22 47	10 38	18 54 06	2 56	20 16	15 48	25 21 59	22 24
26	F	10 19 21	3 20 40	10 17	1 ♊ 44 22	3 48	24 14	15 45	8 ♊ 01 46	25 45
27	S	10 23 17	4 18 36	9 56	14 14 44	4 28	26 57	15 42	20 23 49	27 48
28	Su	10 27 14	5 16 33	9 35	26 29 33	4 55	28 19	15 39	2 ♋ 32 28	28 29
29	M	10 31 10	6 14 32	9 13	8 ♋ 33 02	5 09	28 18	15 35	14 31 46	27 47
30	T	10 35 07	7 12 33	8 52	20 29 06	5 08	26 57	15 32	26 25 25	25 50
31	W	10 39 04	8 ♍ 10 36	8 N30	2 ♌ 21 07	4 N55	24 N25	15 ♈ 29	8 ♌ 16 32	22 N45

D M	Mercury Lat.	Mercury Dec.		Venus Lat.	Venus Dec.		Mars Lat.	Mars Dec.		Jupiter Lat.	Jupiter Dec.
	° ′	° ′	° ′	° ′	° ′	° ′	° ′	° ′	° ′	° ′	° ′
1	4 S52	11 N06	11 N 16	1 N 20	8 N33	8 N04	2 S 47	9 N43	9 N 54	1 N 12	4 S 11
3	4 56	11 27	11 41	1 17	7 34	7 05	2 47	10 05	10 16	1 11	4 18
5	4 53	11 57	12 14	1 13	6 35	6 05	2 48	10 27	10 38	1 11	4 25
7	4 43	12 32	12 51	1 09	5 35	5 05	2 48	10 48	10 59	1 10	4 33
9	4 26	13 11	13 31	1 04	4 35	4 05	2 48	11 09	11 19	1 10	4 40
11	4 03	13 51	14 12	1 00	3 34	3 04	2 48	11 29	11 39	1 10	4 48
13	3 34	14 31	14 50	0 55	2 33	2 02	2 49	11 48	11 58	1 09	4 56
15	3 02	15 08	15 25	0 49	1 31	1 N00	2 49	12 07	12 16	1 09	5 04
17	2 28	15 40	15 53	0 44	0 N30	0 S01	2 48	12 25	12 34	1 09	5 12
19	1 53	16 05	16 14	0 38	0 S32	1 03	2 48	12 43	12 51	1 08	5 20
21	1 18	16 21	16 26	0 32	1 34	2 05	2 48	13 00	13 08	1 08	5 28
23	0 44	16 28	16 27	0 26	2 36	3 07	2 48	13 16	13 24	1 08	5 37
25	0 S13	16 23	16 17	0 19	3 38	4 09	2 47	13 32	13 40	1 08	5 45
27	0 N15	16 07	15 54	0 12	4 39	5 10	2 46	13 47	13 54	1 07	5 54
29	0 40	15 39	15 N 20	0 N 05	5 41	6 S11	2 46	14 02	14 N 09	1 07	6 03
31	1 N01	14 N58		0 S 02	6 S41		2 S 45	14 N15		1 N 07	6 S 11

FIRST QUARTER–Aug.13,02h.39m. (20°♏28′)

EPHEMERIS]				AUGUST 2005													17
D	☿	♀	♂	♃	♄	♅	♆	♇	Lunar Aspects								
M	Long.	Long.	Long.	Long.	Long.	Long.	Long.	Long.	☉	☿	♀	♂	♃	♄	♅	♆	♇
	° ′	° ′	° ′	° ′	° ′	° ′	° ′	° ′									
1	16♌59	11♍21	2♉28	13♎23	2♌04	9♓56	16♒24	22♐05	∠	∠		✱		⚺		⚼	
2	16R 17	12 33	3 02	13 32	2 11	9R 54	16R 22	22R 04	⚺	⚺	✱		□		△		
3	15 32	13 45	3 35	13 40	2 19	9 52	16 21	22 03			∠				⚼		
4	14 46	14 57	4 09	13 49	2 27	9 50	16 19	22 02				□		☌			⚼
5	14 00	16 09	4 42	13 58	2 35	9 48	16 17	22 01	☌	☌	⚺		✱			☍	△
6	13 14	17 20	5 14	14 07	2 42	9 46	16 16	22 01					∠	⚺			
7	12 29	18 32	5 47	14 17	2 50	9 44	16 14	22 00	⚺	⚺		△	⚺		☍		
8	11 46	19 44	6 19	14 26	2 57	9 41	16 12	21 59		∠	●	⚼		∠			□
9	11 06	20 55	6 51	14 35	3 05	9 39	16 11	21 58	∠	✱				✱		⚼	
10	10 29	22 07	7 22	14 45	3 13	9 37	16 09	21 58	✱		⚺		●			△	✱
11	9 57	23 18	7 53	14 54	3 20	9 35	16 08	21 57						□	⚼		
12	9 31	24 30	8 24	15 04	3 28	9 33	16 06	21 56		□	∠	☍	⚺		△	□	∠
13	9 10	25 41	8 55	15 14	3 35	9 31	16 04	21 56	□		✱		∠				⚺
14	8 55	26 53	9 25	15 24	3 43	9 28	16 03	21 55		△			✱	△	□	✱	
15	8 47	28 04	9 54	15 34	3 50	9 26	16 01	21 54	△	⚼	□	⚼		⚼			☌
16	8D 46	29♍15	10 24	15 44	3 58	9 24	15 59	21 54	⚼			△			✱	∠	
17	8 52	0♎26	10 53	15 54	4 05	9 22	15 58	21 53					□		∠	⚺	⚺
18	9 05	1 38	11 21	16 04	4 13	9 19	15 56	21 53		☍	△	□		☍	⚺		∠
19	9 26	2 49	11 50	16 15	4 20	9 17	15 55	21 53	☍		⚼		△			☌	✱
20	9 55	4 00	12 18	16 25	4 27	9 15	15 53	21 52				✱	⚼		☌		
21	10 31	5 11	12 45	16 36	4 35	9 12	15 51	21 52		⚼		∠		⚼		⚺	□
22	11 14	6 22	13 12	16 46	4 42	9 10	15 50	21 51		△	☍	⚺		△	⚺	∠	
23	12 04	7 33	13 39	16 57	4 49	9 08	15 48	21 51	⚼				☍		∠	✱	△
24	13 02	8 43	14 05	17 08	4 57	9 05	15 47	21 51	△					□	✱		⚼
25	14 06	9 54	14 31	17 18	5 04	9 03	15 45	21 50		□		☌				□	
26	15 17	11 05	14 56	17 29	5 11	9 00	15 44	21 50	□		⚼		⚼	✱			
27	16 34	12 15	15 21	17 40	5 18	8 58	15 42	21 50		✱	△	⚺	△	∠	□	△	
28	17 56	13 26	15 45	17 51	5 25	8 56	15 41	21 50				∠				⚼	☍
29	19 24	14 37	16 09	18 02	5 32	8 53	15 39	21 50	✱	∠				⚺	△		
30	20 56	15 47	16 33	18 14	5 39	8 51	15 38	21 50	∠	⚺	□	✱	□		⚼		
31	22♌33	16♎58	16♉56	18♎25	5♌46	8♓48	15♒36	21♐50						☌			⚼

D	Saturn		Uranus		Neptune		Pluto	
M	Lat.	Dec.	Lat.	Dec.	Lat.	Dec.	Lat.	Dec.
	° ′	° ′	° ′	° ′	° ′	° ′	° ′	° ′
1	0N18	19N59	0S48	8S35	0S08	16S03	8N08	15S06
3	0 18	19 56	0 48	8 37	0 08	16 04	8 07	15 06
5	0 18	19 53	0 48	8 39	0 08	16 05	8 06	15 07
7	0 18	19 49	0 48	8 40	0 08	16 06	8 06	15 07
9	0 18	19 46	0 48	8 42	0 08	16 07	8 05	15 08
11	0 19	19 43	0 48	8 43	0 08	16 08	8 04	15 08
13	0 19	19 39	0 48	8 45	0 08	16 09	8 04	15 09
15	0 19	19 36	0 48	8 47	0 08	16 10	8 03	15 09
17	0 19	19 33	0 48	8 49	0 08	16 11	8 02	15 10
19	0 19	19 29	0 49	8 50	0 08	16 12	8 02	15 11
21	0 20	19 26	0 49	8 52	0 08	16 13	8 01	15 11
23	0 20	19 23	0 49	8 54	0 09	16 14	8 00	15 12
25	0 20	19 20	0 49	8 56	0 09	16 15	8 00	15 13
27	0 20	19 16	0 49	8 58	0 09	16 16	7 59	15 13
29	0 20	19 13	0 49	8 59	0 09	16 17	7 58	15 14
31	0N21	19N10	0S49	9S01	0S09	16S18	7N58	15S15

Mutual Aspects

1 ♀ # ♅.
2 ☉ ∇ ♅. ☿ ☍ ♆.
3 ♀ ⚺ ♃. 4 ☿ ⚺ ♀.
5 ☉ ☌ ☿. ☿ ✱ ♃. ♀ ∇ ♆.
6 ☉ ✱ ♃. ♀ ∠ ♄.
7 ☿ ⊥ ♀.
8 ☉ ☍ ♆. ☉ # ♆.
9 ♂ ⚼ ♇. ♀ # ♃.
10 ♀ ⚼ ♂. ♀ ± ♆. ♀ □ ♇.
11 ☉ # ♇.
12 ☿ ∠ ♀. ☿ ∇ ♅.
13 ☿ □ ♂. ♄ ± ♅. ☉ ∥ ☿.
14 ☉ △ ♇. ♂ ✱ ♅. ♃ ± ♅.
15 ☿ # ♇. 16 ☿ Stat.
17 ♀ ⚼ ♆. ♃ △ ♆.
18 ☉ ⊥ ♀.
19 ☿ ∇ ♅. ☉ ∥ ♂.
20 ♀ ✱ ♄. ☿ # ♆.
21 ♃ Q ♄. 23 ♀ ± ♂.
24 ♀ ∇ ♅.
25 ☉ ∠ ♃. ♀ Q ♇.
26 ☿ □ ♂. ☿ ☍ ♆. ☿ # ♆.
28 ☉ ⚺ ♄. ☿ ✱ ♃. ♂ □ ♆. ♂ ± ♇.
29 ♀ ± ♅.
30 ♀ △ ♆. ☉ # ♅. ☿ # ♇. ♀ ∥ ♃.
31 ☿ △ ♇. ♀ ∇ ♂.

NEW MOON–Sep. 3,18h.45m. (11°♍21′)

D M	D W	Sidereal Time	☉ Long.	☉ Dec.	☽ Long.	☽ Lat.	☽ Dec.	☽ Node	24h. ☽ Long.	24h. ☽ Dec.
		h m s	° ′ ″	° ′	° ′ ″	° ′	° ′	° ′	° ′ ″	° ′
1	Th	10 43 00	9 ♍ 08 40	8 N09	14 ♌ 11 57	4 N29	20 N51	15 ♈ 26	20 ♌ 07 41	18 N45
2	F	10 46 57	10 06 47	7 47	26 03 58	3 51	16 27	15 23	2 ♍ 01 03	14 00
3	S	10 50 53	11 04 55	7 25	7 ♍ 59 08	3 03	11 24	15 19	13 58 26	8 42
4	Su	10 54 50	12 03 04	7 03	19 59 11	2 06	5 54	15 16	26 01 34	3 N02
5	M	10 58 46	13 01 15	6 40	2 ♎ 05 49	1 N03	0 N08	15 13	8 ♎ 12 10	2 S47
6	T	11 02 43	13 59 28	6 18	14 20 52	0 S03	5 S42	15 10	20 32 12	8 36
7	W	11 06 39	14 57 43	5 55	26 46 25	1 11	11 25	15 07	3 ♏ 03 52	14 10
8	Th	11 10 36	15 55 59	5 33	9 ♏ 24 51	2 16	16 47	15 04	15 49 43	19 14
9	F	11 14 33	16 54 16	5 10	22 18 47	3 16	21 30	15 00	28 52 24	23 32
10	S	11 18 29	17 52 36	4 48	5 ♐ 30 52	4 07	25 16	14 57	12 ♐ 14 27	26 41
11	Su	11 22 26	18 50 56	4 25	19 03 21	4 46	27 44	14 54	25 57 44	28 22
12	M	11 26 22	19 49 19	4 02	2 ♑ 57 39	5 09	28 33	14 51	10 ♑ 03 00	28 16
13	T	11 30 19	20 47 43	3 39	17 13 35	5 14	27 31	14 48	24 29 04	26 18
14	W	11 34 15	21 46 08	3 16	1 ♒ 48 57	4 59	24 37	14 45	9 ♒ 12 34	22 31
15	Th	11 38 12	22 44 35	2 53	16 39 07	4 24	20 03	14 41	24 07 41	17 15
16	F	11 42 08	23 43 04	2 30	1 ♓ 37 16	3 31	14 11	14 38	9 ♓ 06 46	10 55
17	S	11 46 05	24 41 34	2 07	16 35 06	2 24	7 30	14 35	24 01 13	4 S00
18	Su	11 50 02	25 40 06	1 43	1 ♈ 24 06	1 S07	0 S28	14 32	8 ♈ 42 51	3 N02
19	M	11 53 58	26 38 41	1 20	15 56 42	0 N13	6 N28	14 29	23 05 01	9 47
20	T	11 57 55	27 37 17	0 57	0 ♉ 07 21	1 30	12 55	14 25	7 ♉ 03 23	15 51
21	W	12 01 51	28 35 55	0 33	13 52 58	2 40	18 33	14 22	20 36 06	20 58
22	Th	12 05 48	29 ♍ 34 36	0 N10	27 12 55	3 38	23 05	14 19	3 ♊ 43 38	24 52
23	F	12 09 44	0 ♎ 33 19	0 S13	10 ♊ 08 36	4 24	26 19	14 16	16 28 13	27 25
24	S	12 13 41	1 32 04	0 37	22 42 58	4 56	28 10	14 13	28 53 21	28 32
25	Su	12 17 37	2 30 51	1 00	4 ♋ 59 56	5 13	28 33	14 10	11 ♋ 03 15	28 14
26	M	12 21 34	3 29 41	1 23	17 03 53	5 16	27 34	14 06	23 02 24	26 36
27	T	12 25 31	4 28 33	1 47	28 59 21	5 05	25 20	14 03	4 ♌ 55 16	23 48
28	W	12 29 27	5 27 27	2 10	10 ♌ 50 41	4 42	22 02	14 00	16 46 03	20 02
29	Th	12 33 24	6 26 23	2 33	22 41 51	4 06	17 49	13 57	28 38 30	15 27
30	F	12 37 20	7 ♎ 25 21	2 S57	4 ♍ 36 22	3 N20	12 N55	13 ♈ 54	10 ♍ 35 49	10 N16

D M	Mercury Lat.	Mercury Dec.		Venus Lat.	Venus Dec.		Mars Lat.	Mars Dec.		Jupiter Lat.	Jupiter Dec.
	° ′	° ′	° ′	° ′	° ′	° ′	° ′	° ′	° ′	° ′	° ′
1	1 N10	14 N33	14 N06	0 S05	7 S12	7 S42	2 S44	14 N22	14 N29	1 N07	6 S16
3	1 25	13 36	13 03	0 13	8 12	8 41	2 43	14 35	14 41	1 06	6 25
5	1 36	12 29	11 52	0 20	9 11	9 41	2 42	14 47	14 53	1 06	6 34
7	1 44	11 13	10 33	0 28	10 10	10 39	2 41	14 59	15 04	1 06	6 43
9	1 47	9 51	9 08	0 36	11 08	11 36	2 40	15 10	15 15	1 06	6 52
11	1 48	8 24	7 39	0 43	12 05	12 33	2 38	15 20	15 25	1 05	7 01
13	1 46	6 54	6 08	0 51	13 01	13 28	2 36	15 30	15 34	1 05	7 10
15	1 41	5 21	4 34	0 59	13 56	14 23	2 35	15 39	15 43	1 05	7 19
17	1 35	3 46	2 59	1 07	14 49	15 16	2 32	15 47	15 51	1 05	7 29
19	1 27	2 11	1 N24	1 15	15 42	16 08	2 30	15 55	15 59	1 05	7 38
21	1 17	0 N36	0 S11	1 24	16 33	16 58	2 28	16 02	16 06	1 04	7 47
23	1 06	0 S58	1 45	1 32	17 23	17 47	2 25	16 09	16 12	1 04	7 57
25	0 54	2 32	3 18	1 40	18 11	18 35	2 22	16 15	16 17	1 04	8 06
27	0 42	4 04	4 49	1 48	18 58	19 20	2 19	16 20	16 22	1 04	8 16
29	0 29	5 34	6 S18	1 55	19 43	20 S04	2 16	16 25	16 N27	1 04	8 25
31	0 N15	7 S02		2 S03	20 S26		2 S13	16 N29		1 N04	8 S34

FIRST QUARTER–Sep.11,11h.37m. (18°♐50′)

FULL MOON–Sep.18,02h.01m. (25°♓16′)

D M	☿ Long.	♀ Long.	♂ Long.	♃ Long.	♄ Long.	♅ Long.	♆ Long.	♇ Long.
	° ′	° ′	° ′	° ′	° ′	° ′	° ′	° ′
1	24♌13	18♎08	17♉18	18♎36	5♌53	8♓46	15♒35	21♐49
2	25 57	19 18	17 40	18 48	6 00	8R 44	15R 33	21D 49
3	27 44	20 28	18 01	18 59	6 07	8 41	15 32	21 49
4	29♌33	21 39	18 22	19 10	6 14	8 39	15 30	21 50
5	1♍24	22 49	18 42	19 22	6 21	8 37	15 29	21 50
6	3 17	23 59	19 01	19 34	6 27	8 34	15 28	21 50
7	5 10	25 09	19 20	19 45	6 34	8 32	15 26	21 50
8	7 05	26 19	19 38	19 57	6 41	8 29	15 25	21 50
9	8 59	27 28	19 56	20 09	6 47	8 27	15 23	21 50
10	10 55	28 38	20 13	20 21	6 54	8 25	15 22	21 51
11	12 50	29♎48	20 29	20 33	7 00	8 22	15 21	21 51
12	14 44	0♏57	20 45	20 45	7 07	8 20	15 20	21 51
13	16 39	2 07	21 00	20 57	7 13	8 18	15 18	21 51
14	18 33	3 16	21 15	21 09	7 19	8 15	15 17	21 52
15	20 26	4 25	21 28	21 21	7 25	8 13	15 16	21 52
16	22 18	5 35	21 41	21 33	7 32	8 11	15 15	21 53
17	24 10	6 44	21 53	21 45	7 38	8 08	15 13	21 53
18	26 00	7 53	22 05	21 58	7 44	8 06	15 12	21 54
19	27 50	9 02	22 16	22 10	7 50	8 04	15 11	21 54
20	29♍39	10 11	22 26	22 22	7 56	8 02	15 10	21 55
21	1♎27	11 19	22 35	22 35	8 02	8 00	15 09	21 55
22	3 14	12 28	22 44	22 47	8 07	7 57	15 08	21 56
23	5 00	13 36	22 51	23 00	8 13	7 55	15 07	21 57
24	6 45	14 45	22 58	23 12	8 19	7 53	15 06	21 57
25	8 29	15 53	23 04	23 25	8 24	7 51	15 05	21 58
26	10 12	17 01	23 09	23 37	8 30	7 49	15 04	21 59
27	11 54	18 10	23 14	23 50	8 36	7 47	15 03	22 00
28	13 35	19 18	23 17	24 02	8 41	7 45	15 02	22 00
29	15 15	20 25	23 20	24 15	8 46	7 43	15 01	22 01
30	16♎55	21♏33	23♉21	24♎28	8♌52	7♓41	15♒00	22♐02

Lunar Aspects

D	⊙	☿	♀	♂	♃	♄	♅	♆	♇
1	⚺		*	□	*			☍	
2		☌							△
3	☌		∠		∠	⚺	☍		
4			⚺	△	⚺	∠			□
5		⚺		⚼		*		⚼	
6	⚺	∠			☌			△	
7	∠		●				⚼		*
8		*				□	△	□	∠
9	*		⚺	☍	⚺				⚺
10		□			∠	△	□		
11	□		∠		*	⚼		*	☌
12			*	⚼			*	∠	
13	△	△		△	□		∠	⚺	⚺
14	⚼	⚼	□			☍	⚺		∠
15				□	△			☌	*
16			△		⚼		☌		
17			⚼	*		⚼		⚺	□
18	☍	☍		∠		△	⚺	∠	
19				⚺	☍		∠	*	△
20									⚼
21	⚼	⚼	☍			□	*	□	
22	△			☌					
23		△			⚼	*	□	△	
24				⚺	△	∠			☍
25	□	□	⚼	∠		⚺	△	⚼	
26			△				⚼		
27				*	□				
28	*	*				☌		☍	⚼
29	∠		□	□	*				△
30	⚺	∠			∠	⚺	☍		

D M	Saturn Lat.	Saturn Dec.	Uranus Lat.	Uranus Dec.	Neptune Lat.	Neptune Dec.	Pluto Lat.	Pluto Dec.
	° ′	° ′	° ′	° ′	° ′	° ′	° ′	° ′
1	0N21	19N08	0S49	9S02	0S09	16S18	7N57	15S15
3	0 21	19 05	0 49	9 04	0 09	16 19	7 56	15 16
5	0 21	19 02	0 49	9 06	0 09	16 20	7 56	15 16
7	0 21	18 59	0 49	9 07	0 09	16 21	7 55	15 17
9	0 22	18 56	0 49	9 09	0 09	16 22	7 54	15 18
11	0 22	18 53	0 49	9 11	0 09	16 22	7 54	15 19
13	0 22	18 49	0 49	9 13	0 09	16 23	7 53	15 19
15	0 22	18 47	0 49	9 14	0 09	16 24	7 52	15 20
17	0 23	18 44	0 48	9 16	0 09	16 25	7 51	15 21
19	0 23	18 41	0 48	9 18	0 09	16 25	7 51	15 22
21	0 23	18 38	0 48	9 19	0 09	16 26	7 50	15 22
23	0 23	18 35	0 48	9 21	0 09	16 27	7 49	15 23
25	0 23	18 32	0 48	9 22	0 09	16 27	7 49	15 24
27	0 24	18 30	0 48	9 24	0 09	16 28	7 48	15 25
29	0 24	18 27	0 48	9 25	0 09	16 28	7 47	15 26
31	0N24	18N25	0S48	9S27	0S09	16S29	7N47	15S26

Mutual Aspects

1 ⊙☍♅. ♀☌♃. ♀Q♄. ☿‖♂.
2 ⊙#♀. ♇Stat.
4 ⊙⊥♄. ♀*♇.
5 ⊙⊥♃. ⊙#♃. ♀‖♅.
6 ♀⚼♅.
7 ⊙∇♆. ☿∠♃.
8 ☿⚺♄. ☿#♀.
9 ☿☍♅. ♄⚼♇.
10 ☿#♅.
11 ☿⊥♄. ♂Q♅. ♂#♇.
12 ☿⊥♃. ☿∇♆. ♂∇♃.
13 ⊙△♂. ⊙⚺♃. ☿#♃.
14 ⊙±♆. ⊙□♇. ☿∠♀.
15 ⊙∠♄. ☿±♆.
16 ☿△♂. ☿⚺♃. ☿∠♄. ☿□♇.
17 ♀∠♇. ♂∇♇.
18 ⊙☌☿. ♀□♄. ♀△♅. ♃*♇. ♀‖♇.
20 ☿⚼♆. ♀#♂.
21 ♂∇♃. ♄∇♅. ⊙‖☿. ♀‖♆.
22 ⊙#☿.
23 ⊙⚼♆. ♃⚼♅.
24 ♀□♆.
25 ☿⚼♂. ☿*♄. ☿∇♅. ♀⊥♇.
26 ☿Q♇. ♀#♄.
27 ☿⊥♀.
28 ☿±♅.
29 ☿△♆.
30 ⊙∇♅. ☿±♂. ♀⚺♇.

LAST QUARTER–Sep.25,06h.41m. (2°♋18′)

NEW MOON–Oct. 3,10h.28m. (10°♎19′)

D M	D W	Sidereal Time	☉ Long.	☉ Dec.	☽ Long.	☽ Lat.	☽ Dec.	☽ Node	24h. ☽ Long.	24h. ☽ Dec.
		h m s	° ′ ″	° ′	° ′ ″	° ′	° ′	° ′	° ′ ″	° ′
1	S	12 41 17	8♎24 22	3 S 20	16♍37 10	2 N24	7 N30	13♈50	22♍40 40	4 N39
2	Su	12 45 13	9 23 25	3 43	28 46 34	1 21	1 N44	13 47	4♎55 05	1 S13
3	M	12 49 10	10 22 29	4 06	11♎06 23	0 N14	4 S11	13 44	17 20 37	7 08
4	T	12 53 06	11 21 36	4 30	23 37 54	0 S55	10 02	13 41	29 58 21	12 52
5	W	12 57 03	12 20 45	4 53	6♏22 03	2 03	15 35	13 38	12♏49 03	18 09
6	Th	13 01 00	13 19 56	5 16	19 19 27	3 05	20 32	13 35	25 53 16	22 41
7	F	13 04 56	14 19 08	5 39	2♐30 34	3 59	24 34	13 31	9♐11 23	26 08
8	S	13 08 53	15 18 23	6 02	15 55 44	4 41	27 21	13 28	22 43 37	28 10
9	Su	13 12 49	16 17 39	6 25	29 35 03	5 08	28 34	13 25	6♑29 57	28 31
10	M	13 16 46	17 16 57	6 47	13♑28 17	5 17	28 01	13 22	20 29 54	27 04
11	T	13 20 42	18 16 17	7 10	27 34 38	5 08	25 40	13 19	4♒42 17	23 52
12	W	13 24 39	19 15 39	7 32	11♒52 31	4 39	21 42	13 16	19 04 58	19 12
13	Th	13 28 35	20 15 02	7 55	26 19 13	3 53	16 24	13 12	3♓34 44	13 22
14	F	13 32 32	21 14 27	8 17	10♓50 56	2 52	10 09	13 09	18 07 13	6 S48
15	S	13 36 29	22 13 54	8 39	25 22 52	1 40	3 S22	13 06	2♈37 12	0 N07
16	Su	13 40 25	23 13 22	9 01	9♈49 32	0 S21	3 N34	13 03	16 59 09	6 57
17	M	13 44 22	24 12 53	9 23	24 05 25	0 N57	10 14	13 00	1♉07 46	13 21
18	T	13 48 18	25 12 26	9 45	8♉05 39	2 11	16 17	12 56	14 58 41	18 57
19	W	13 52 15	26 12 00	10 07	21 46 33	3 16	21 21	12 53	28 29 01	23 27
20	Th	13 56 11	27 11 37	10 28	5♊06 02	4 08	25 12	12 50	11♊37 34	26 36
21	F	14 00 08	28 11 16	10 50	18 03 47	4 45	27 38	12 47	24 24 52	28 18
22	S	14 04 04	29♎10 58	11 11	0♋41 07	5 08	28 34	12 44	6♋52 57	28 29
23	Su	14 08 01	0♏10 41	11 32	13 00 46	5 16	28 02	12 41	19 05 05	27 16
24	M	14 11 58	1 10 27	11 53	25 06 27	5 09	26 11	12 37	1♌05 25	24 49
25	T	14 15 54	2 10 15	12 14	7♌02 36	4 50	23 11	12 34	12 58 35	21 19
26	W	14 19 51	3 10 06	12 34	18 53 59	4 18	19 14	12 31	24 49 24	16 58
27	Th	14 23 47	4 09 58	12 55	0♍45 27	3 35	14 33	12 28	6♍42 40	11 59
28	F	14 27 44	5 09 53	13 15	12 41 37	2 42	9 17	12 25	18 42 49	6 30
29	S	14 31 40	6 09 49	13 35	24 46 43	1 42	3 N38	12 22	0♎53 44	0 N42
30	Su	14 35 37	7 09 48	13 54	7♎04 14	0 N36	2 S15	12 18	13 18 32	5 S14
31	M	14 39 33	8♏09 49	14 S14	19♎36 51	0 S33	8 S11	12♈15	25♎59 22	11 S05

D M	Mercury Lat.	Mercury Dec.		Venus Lat.	Venus Dec.		Mars Lat.	Mars Dec.		Jupiter Lat.	Jupiter Dec.
	° ′	° ′	° ′	° ′	° ′	° ′	° ′	° ′	° ′	° ′	° ′
1	0 N15	7 S02	7 S 46	2 S 03	20 S 26	20 S 47	2 S 13	16 N29	16 N 30	1 N 04	8 S 34
3	0 N01	8 28	9 11	2 11	21 07	21 27	2 09	16 32	16 33	1 04	8 44
5	0 S13	9 52	10 33	2 19	21 46	22 05	2 05	16 35	16 36	1 03	8 53
7	0 27	11 13	11 53	2 26	22 24	22 42	2 01	16 37	16 38	1 03	9 03
9	0 41	12 32	13 10	2 33	22 59	23 16	1 56	16 38	16 39	1 03	9 12
11	0 55	13 48	14 24	2 40	23 32	23 48	1 51	16 39	16 39	1 03	9 22
13	1 09	15 00	15 35	2 47	24 03	24 18	1 46	16 39	16 39	1 03	9 31
15	1 22	16 10	16 43	2 53	24 32	24 45	1 41	16 38	16 38	1 03	9 40
17	1 35	17 16	17 48	2 59	24 58	25 10	1 36	16 37	16 37	1 03	9 50
19	1 48	18 18	18 48	3 05	25 22	25 33	1 30	16 36	16 34	1 03	9 59
21	2 00	19 17	19 45	3 11	25 43	25 53	1 24	16 33	16 32	1 03	10 08
23	2 11	20 12	20 37	3 16	26 02	26 11	1 18	16 30	16 28	1 03	10 18
25	2 21	21 02	21 26	3 21	26 19	26 26	1 11	16 27	16 25	1 03	10 27
27	2 30	21 48	22 09	3 25	26 33	26 39	1 05	16 22	16 20	1 03	10 36
29	2 37	22 29	22 S 48	3 29	26 44	26 S 49	0 58	16 18	16 N 15	1 03	10 45
31	2 S 43	23 S 05		3 S 32	26 S 53		0 S 51	16 N13		1 N 03	10 S 54

FIRST QUARTER–Oct.10,19h.01m. (17°♑34′)

FULL MOON–Oct.17,12h.14m. (24°♈13′)

D M	☿ Long.	♀ Long.	♂ Long.	♃ Long.	♄ Long.	♅ Long.	♆ Long.	♇ Long.	Lunar Aspects ☉	☿	♀	♂	♃	♄	♅	♆	♇
	° ′	° ′	° ′	° ′	° ′	° ′	° ′	° ′									
1	18♎33	22♏41	23♉22	24♎41	8♌57	7♓39	15♒00	22♐03		⊻							□
2	20 11	23 48	23R 22	24 53	9 02	7R 37	14R 59	22 04			✱	△	⊻	∠		⚻	
3	21 48	24 56	23 21	25 06	9 07	7 35	14 58	22 05	☌		∠	⚻		✱		△	
4	23 24	26 03	23 19	25 19	9 12	7 33	14 57	22 06		☌	⊻		☌		⚻		✱
5	24 59	27 10	23 17	25 32	9 17	7 31	14 57	22 07						□	△		∠
6	26 33	28 17	23 13	25 45	9 21	7 29	14 56	22 08	⊻			☍	⊻			□	⊻
7	28 07	29♏24	23 08	25 58	9 26	7 28	14 55	22 09	∠	⊻	☌				□		
8	29♎40	0♐31	23 03	26 11	9 31	7 26	14 55	22 10	✱	∠			∠	△		✱	☌
9	1♏12	1 37	22 56	26 23	9 35	7 24	14 54	22 11		✱	⊻		✱	⚻		∠	
10	2 43	2 43	22 49	26 36	9 40	7 23	14 53	22 13	□		∠	⚻			✱	⊻	
11	4 14	3 50	22 41	26 49	9 44	7 21	14 53	22 14			✱	△	□		∠		⊻
12	5 44	4 56	22 32	27 02	9 48	7 19	14 52	22 15		□				☍	⊻	☌	∠
13	7 13	6 01	22 22	27 15	9 53	7 18	14 52	22 16	△			□	△				✱
14	8 41	7 07	22 12	27 28	9 57	7 16	14 52	22 18	⚻	△	□		⚻		☌	⊻	
15	10 09	8 12	22 00	27 41	10 01	7 15	14 51	22 19		⚻		✱		⚻		∠	□
16	11 35	9 18	21 48	27 54	10 05	7 13	14 51	22 20			△	∠		△	⊻	✱	
17	13 01	10 23	21 35	28 07	10 08	7 12	14 51	22 22	☍		⚻	⊻	☍		∠		△
18	14 27	11 28	21 21	28 20	10 12	7 10	14 50	22 23						□	✱	□	⚻
19	15 51	12 32	21 07	28 34	10 16	7 09	14 50	22 24		☍		☌					
20	17 14	13 37	20 51	28 47	10 19	7 08	14 50	22 26						✱	□		
21	18 37	14 41	20 35	29 00	10 23	7 07	14 50	22 27	⚻		☍	⊻	⚻			△	☍
22	19 59	15 45	20 19	29 13	10 26	7 05	14 49	22 29	△	⚻		∠	△	∠		⚻	
23	21 19	16 48	20 02	29 26	10 30	7 04	14 49	22 30						⊻	△		
24	22 39	17 52	19 44	29 39	10 33	7 03	14 49	22 32		△		✱	□		⚻		
25	23 57	18 55	19 25	29♎52	10 36	7 02	14 49	22 34	□		⚻			☌			⚻
26	25 15	19 58	19 06	0♏05	10 39	7 01	14 49	22 35			△	□				☍	△
27	26 30	21 00	18 47	0 18	10 42	7 00	14D 49	22 37	✱	□			✱				
28	27 45	22 03	18 27	0 31	10 44	6 59	14 49	22 38				△	∠	⊻	☍		
29	28♏58	23 05	18 07	0 44	10 47	6 58	14 49	22 40	∠	✱	□		⊻	∠		⚻	□
30	0♐09	24 06	17 47	0 57	10 50	6 57	14 49	22 42	⊻			⚻		✱			
31	1♐18	25♐08	17♉26	1♏10	10♌52	6♓57	14♒49	22♐44		∠	✱				⚻	△	✱

D M	Saturn Lat.	Saturn Dec.	Uranus Lat.	Uranus Dec.	Neptune Lat.	Neptune Dec.	Pluto Lat.	Pluto Dec.
	° ′	° ′	° ′	° ′	° ′	° ′	° ′	° ′
1	0N24	18N25	0S48	9S27	0S09	16S29	7N47	15S26
3	0 24	18 22	0 48	9 28	0 09	16 29	7 46	15 27
5	0 25	18 20	0 48	9 30	0 09	16 30	7 45	15 28
7	0 25	18 18	0 48	9 31	0 09	16 30	7 45	15 29
9	0 25	18 15	0 48	9 32	0 09	16 30	7 44	15 30
11	0 25	18 13	0 48	9 33	0 09	16 31	7 43	15 30
13	0 26	18 11	0 48	9 34	0 09	16 31	7 43	15 31
15	0 26	18 09	0 48	9 36	0 09	16 31	7 42	15 32
17	0 26	18 08	0 48	9 37	0 09	16 32	7 41	15 33
19	0 27	18 06	0 48	9 37	0 09	16 32	7 41	15 33
21	0 27	18 04	0 48	9 38	0 09	16 32	7 40	15 34
23	0 27	18 03	0 48	9 39	0 09	16 32	7 40	15 35
25	0 27	18 01	0 48	9 40	0 09	16 32	7 39	15 36
27	0 28	18 00	0 47	9 41	0 09	16 32	7 38	15 36
29	0 28	17 59	0 47	9 41	0 09	16 32	7 38	15 37
31	0N28	17N58	0S47	9S42	0S09	16S32	7N37	15S38

Mutual Aspects

1 ☉⚻♂. ♂#♆. ♂Stat.
2 ☉✱♄. ♀☍♂.
3 ☉Q♇. ☿Q♄. ☿⚻♅. ☿✱♇. ♀⊻♃.
☿∥♃.
4 ☿▽♂. ☿∥♅.
5 ☿☌♃.
6 ☉∠♀. ☉±♅.
8 ☉△♆.
10 ☉±♂. ☿⊻♀. ♀⊥♃. ♀Q♆.
13 ☿△♅. ☿∠♇.
14 ♀□♅. ♂▽♇. ☿∥♇. ♃∥♅.
15 ☉▽♂. ☉Q♄. ☉⚻♅. ☉✱♇. ☿□♄.
16 ☿#♂. ☿∥♆.
17 ♀△♄.
18 ☿□♆. ☉∥♅.
19 ☿⊥♇. ☉∥♃. ☿#♄.
20 ♀∠♃.
21 ♀✱♆.
22 ☉☌♃. ☿☍♂. ♂#♆.
24 ☿⊻♇.
25 ♀▽♂.
26 ♂Q♅. ♆Stat.
29 ♀☌♇.
30 ☉△♅. ♀±♂.
31 ☉∠♇. ☿⊻♃. ♀Q♅.

LAST QUARTER–Oct.25,01h.17m. (1°♌44′)

NEW MOON–Nov. 2,01h.25m. (9°♏43′)

D M	D W	Sidereal Time h m s	☉ Long. ° ′ ″	☉ Dec. ° ′	☽ Long. ° ′ ″	☽ Lat. ° ′	☽ Dec. ° ′	☽ Node ° ′	24h. ☽ Long. ° ′ ″	24h. ☽ Dec. ° ′
1	T	14 43 30	9 ♏ 09 51	14 S 33	2 ♏ 26 08	1 S 42	13 S 55	12 ♈ 12	8 ♏ 57 12	16 S 37
2	W	14 47 27	10 09 56	14 52	15 32 30	2 46	19 09	12 09	22 11 53	21 28
3	Th	14 51 23	11 10 03	15 11	28 55 09	3 43	23 33	12 06	5 ♐ 42 04	25 19
4	F	14 55 20	12 10 11	15 29	12 ♐ 32 19	4 28	26 44	12 02	19 25 34	27 46
5	S	14 59 16	13 10 21	15 48	26 21 27	4 59	28 22	11 59	3 ♑ 19 37	28 31
6	Su	15 03 13	14 10 33	16 06	10 ♑ 19 40	5 12	28 13	11 56	17 21 17	27 28
7	M	15 07 09	15 10 46	16 23	24 24 07	5 06	26 16	11 53	1 ♒ 27 51	24 39
8	T	15 11 06	16 11 01	16 41	8 ♒ 32 14	4 42	22 40	11 50	15 36 59	20 21
9	W	15 15 02	17 11 17	16 58	22 41 54	4 01	17 45	11 47	29 46 45	14 54
10	Th	15 18 59	18 11 35	17 15	6 ♓ 51 20	3 05	11 52	11 43	13 ♓ 55 28	8 41
11	F	15 22 56	19 11 53	17 32	20 58 54	1 58	5 S 23	11 40	28 01 26	2 S 02
12	S	15 26 52	20 12 14	17 48	5 ♈ 02 49	0 S 44	1 N 20	11 37	12 ♈ 02 44	4 N 40
13	Su	15 30 49	21 12 35	18 04	19 00 56	0 N 31	7 56	11 34	25 57 02	11 05
14	M	15 34 45	22 12 59	18 19	2 ♉ 50 44	1 45	14 06	11 31	9 ♉ 41 40	16 55
15	T	15 38 42	23 13 23	18 35	16 29 29	2 51	19 29	11 28	23 13 52	21 48
16	W	15 42 38	24 13 50	18 50	29 54 31	3 46	23 48	11 24	6 ♊ 31 11	25 29
17	Th	15 46 35	25 14 18	19 05	13 ♊ 03 41	4 28	26 48	11 21	19 31 53	27 44
18	F	15 50 31	26 14 47	19 19	25 55 45	4 55	28 18	11 18	2 ♋ 15 19	28 28
19	S	15 54 28	27 15 19	19 33	8 ♋ 30 42	5 07	28 17	11 15	14 42 05	27 44
20	Su	15 58 25	28 15 52	19 46	20 49 46	5 05	26 51	11 12	26 54 06	25 39
21	M	16 02 21	29 ♏ 16 27	20 00	2 ♌ 55 30	4 49	24 11	11 08	8 ♌ 54 27	22 28
22	T	16 06 18	0 ♐ 17 03	20 13	14 51 30	4 20	20 31	11 05	20 47 11	18 23
23	W	16 10 14	1 17 41	20 25	26 42 10	3 41	16 04	11 02	2 ♍ 37 04	13 37
24	Th	16 14 11	2 18 21	20 37	8 ♍ 32 32	2 52	11 02	10 59	14 29 14	8 20
25	F	16 18 07	3 19 02	20 49	20 27 51	1 55	5 N 33	10 56	26 29 01	2 N 42
26	S	16 22 04	4 19 45	21 01	2 ♎ 33 23	0 N 53	0 S 13	10 53	8 ♎ 41 31	3 S 08
27	Su	16 26 00	5 20 29	21 12	14 53 58	0 S 13	6 05	10 49	21 11 13	9 00
28	M	16 29 57	6 21 15	21 22	27 33 39	1 20	11 51	10 46	4 ♏ 01 36	14 38
29	T	16 33 54	7 22 03	21 32	10 ♏ 35 14	2 25	17 18	10 43	17 14 38	19 47
30	W	16 37 50	8 ♐ 22 52	21 S 42	23 ♏ 59 44	3 S 24	22 S 03	10 ♈ 40	0 ♐ 50 21	24 S 04

D M	Mercury Lat. ° ′	Mercury Dec. ° ′	Mercury Dec. ° ′	Venus Lat. ° ′	Venus Dec. ° ′	Venus Dec. ° ′	Mars Lat. ° ′	Mars Dec. ° ′	Mars Dec. ° ′	Jupiter Lat. ° ′	Jupiter Dec. ° ′
1	2 S 46	23 S 21	23 S 36	3 S 34	26 S 57	27 S 00	0 S 48	16 N 10	16 N 08	1 N 02	10 S 59
3	2 49	23 49	24 00	3 36	27 02	27 04	0 41	16 05	16 02	1 02	11 08
5	2 50	24 10	24 18	3 38	27 05	27 05	0 34	15 59	15 56	1 02	11 17
7	2 47	24 25	24 29	3 40	27 05	27 04	0 27	15 54	15 51	1 02	11 26
9	2 41	24 32	24 32	3 41	27 03	27 01	0 20	15 48	15 45	1 03	11 34
11	2 31	24 30	24 26	3 41	26 59	26 56	0 13	15 42	15 39	1 03	11 43
13	2 16	24 20	24 11	3 40	26 52	26 48	0 S 07	15 37	15 34	1 03	11 52
15	1 56	23 59	23 44	3 39	26 43	26 38	0 00	15 31	15 29	1 03	12 00
17	1 29	23 26	23 04	3 36	26 32	26 26	0 N 07	15 27	15 24	1 03	12 09
19	0 56	22 40	22 12	3 33	26 19	26 12	0 13	15 22	15 20	1 03	12 17
21	0 S 17	21 42	21 09	3 30	26 05	25 56	0 19	15 18	15 17	1 03	12 25
23	0 N 23	20 34	19 59	3 25	25 48	25 39	0 25	15 15	15 13	1 03	12 34
25	1 03	19 23	18 49	3 19	25 30	25 20	0 30	15 12	15 11	1 03	12 42
27	1 39	18 17	17 47	3 12	25 10	24 59	0 36	15 10	15 09	1 03	12 50
29	2 07	17 22	17 S 01	3 04	24 48	24 S 37	0 41	15 09	15 N 09	1 03	12 57
31	2 N 26	16 S 44		2 S 55	24 S 25		0 N 46	15 N 08		1 N 03	13 S 05

FIRST QUARTER–Nov. 9,01h.57m. (16°♒46′)

FULL MOON–Nov.16,00h.58m. (23° ♉ 46′)

D M	☿ Long.	♀ Long.	♂ Long.	♃ Long.	♄ Long.	♅ Long.	♆ Long.	♇ Long.	☉	☿	♀	♂	♃	♄	♅	♆	♇
	° ′	° ′	° ′	° ′	° ′	° ′	° ′	° ′									
1	2♐ 25	26♐ 09	17♉ 05	1♏ 23	10♌ 54	6♓ 56	14♒ 50	22♐ 45		⊻			☌		△		∠
2	3 29	27 09	16R 44	1 36	10 57	6R 55	14 50	22 47	☌		∠	☍		□		□	
3	4 31	28 10	16 22	1 49	10 59	6 55	14 50	22 49		☌	⊻		⊻				⊻
4	5 30	29♐ 10	16 01	2 02	11 01	6 54	14 50	22 51	⊻				∠	△	□	⚹	
5	6 26	0♑ 09	15 40	2 15	11 03	6 53	14 51	22 52	∠		☌	⚼	⚹	⚼		∠	☌
6	7 18	1 09	15 18	2 28	11 05	6 53	14 51	22 54	⚹	⊻		△			⚹	⊻	
7	8 06	2 07	14 57	2 41	11 06	6 52	14 51	22 56		∠					∠		⊻
8	8 49	3 06	14 36	2 54	11 08	6 52	14 52	22 58		⚹	⊻	□	□	☍	⊻	☌	∠
9	9 27	4 04	14 15	3 07	11 09	6 52	14 52	23 00	□		∠						⚹
10	9 59	5 01	13 54	3 20	11 11	6 51	14 53	23 02		□	⚹	⚹	△		☌		
11	10 25	5 58	13 34	3 33	11 12	6 51	14 53	23 04	△				⚼	⚼		⊻	□
12	10 43	6 54	13 14	3 46	11 13	6 51	14 54	23 06	⚼	△	□	∠		△	⊻	∠	
13	10 54	7 50	12 55	3 58	11 14	6 51	14 54	23 08		⚼		⊻			∠	⚹	△
14	10R 56	8 46	12 35	4 11	11 15	6 51	14 55	23 10			△		☍		⚹		⚼
15	10 49	9 40	12 17	4 24	11 16	6 51	14 56	23 12				☌		□		□	
16	10 32	10 35	11 59	4 37	11 17	6D 51	14 56	23 14	☍		⚼						
17	10 05	11 28	11 41	4 49	11 17	6 51	14 57	23 16		☍		⊻		⚹	□	△	
18	9 27	12 21	11 24	5 02	11 18	6 51	14 58	23 18				∠	⚼	∠		⚼	☍
19	8 39	13 13	11 07	5 14	11 18	6 51	14 58	23 20	⚼		☍	⚹	△	⊻	△		
20	7 41	14 05	10 52	5 27	11 18	6 51	14 59	23 22		⚼					⚼		
21	6 35	14 55	10 36	5 40	11 19	6 51	15 00	23 24	△	△			□				⚼
22	5 21	15 45	10 22	5 52	11R 19	6 52	15 01	23 26				□		☌		☍	
23	4 02	16 35	10 08	6 05	11 19	6 52	15 02	23 28	□		⚼						△
24	2 40	17 23	9 55	6 17	11 18	6 52	15 03	23 30		□		△	⚹	⊻	☍		
25	1 19	18 11	9 43	6 29	11 18	6 53	15 04	23 32			△	⚼	∠	∠			□
26	0♐ 00	18 57	9 31	6 42	11 18	6 53	15 05	23 35	⚹	⚹			⊻			⚼	
27	28♏ 46	19 43	9 20	6 54	11 17	6 54	15 06	23 37	∠	∠	□			⚹		△	
28	27 40	20 28	9 10	7 06	11 17	6 55	15 07	23 39		⊻					⚼		⚹
29	26 43	21 12	9 01	7 18	11 16	6 55	15 08	23 41	⊻			☍	☌	□	△	□	∠
30	25♏ 57	21♑ 55	8♉ 53	7♏ 31	11♌ 15	6♓ 56	15♒ 09	23♐ 43		☌	⚹						⊻

(Columns ☉ to ♇ at right: Lunar Aspects)

D M	Saturn Lat.	Saturn Dec.	Uranus Lat.	Uranus Dec.	Neptune Lat.	Neptune Dec.	Pluto Lat.	Pluto Dec.
	° ′	° ′	° ′	° ′	° ′	° ′	° ′	° ′
1	0N28	17N57	0S47	9S42	0S09	16S32	7N37	15S38
3	0 29	17 56	0 47	9 42	0 09	16 32	7 37	15 39
5	0 29	17 55	0 47	9 43	0 09	16 32	7 36	15 40
7	0 29	17 55	0 47	9 43	0 09	16 31	7 36	15 40
9	0 30	17 54	0 47	9 43	0 09	16 31	7 35	15 41
11	0 30	17 54	0 47	9 43	0 09	16 31	7 35	15 42
13	0 30	17 53	0 47	9 43	0 09	16 31	7 34	15 42
15	0 31	17 53	0 47	9 43	0 09	16 30	7 34	15 43
17	0 31	17 53	0 47	9 43	0 09	16 30	7 33	15 43
19	0 31	17 53	0 47	9 43	0 09	16 29	7 33	15 44
21	0 31	17 53	0 47	9 43	0 09	16 29	7 32	15 45
23	0 32	17 54	0 46	9 43	0 09	16 28	7 32	15 45
25	0 32	17 54	0 46	9 42	0 09	16 28	7 32	15 46
27	0 32	17 55	0 46	9 42	0 09	16 27	7 31	15 46
29	0 33	17 55	0 46	9 41	0 09	16 27	7 31	15 47
31	0N33	17N56	0S46	9S41	0S09	16S26	7N31	15S47

Mutual Aspects

1 ☿ Q ♆. ♀ ⚼ ♄.
2 ♂ ± ♇. 3 ☉ □ ♄.
5 ♀ ⚼ ♂. ♀ ∠ ♆. ☉ ∥ ♇.
6 ☿ □ ♅. ☉ ♯ ♂.
7 ☉ ☍ ♂. ☉ □ ♆. ♂ □ ♆. ☉ ∥ ♆.
8 ☿ ⊥ ♃. ♀ ⚹ ♃.
9 ☉ ⊥ ♇. 10 ♀ ± ♄.
11 ♂ ♯ ♇.
12 ♀ ⚹ ♅. ☉ ♯ ♄.
14 ♀ ⊥ ♆. ☿ Stat.
15 ☉ ⊻ ♇.
16 ☿ ⊻ ♀. ☿ ⊥ ♃. ♅ Stat.
17 ♀ △ ♂. ♀ ∇ ♄.
18 ♂ □ ♄. 20 ☿ ⊥ ♀.
21 ☿ □ ♅. ♀ ⊻ ♆.
22 ☿ ⊻ ♃. ♄ Stat.
23 ☉ ∥ ☿.
24 ☉ ☌ ☿. ☉ ∠ ♀. ☿ ∠ ♀. ☿ Q ♆.
25 ☉ Q ♆. 26 ♀ Q ♃.
27 ♃ △ ♅.
28 ☿ ♯ ♄.
29 ☉ ⊻ ♃. ☉ □ ♅.
30 ☉ ∇ ♂. ♀ ∠ ♅.

LAST QUARTER–Nov.23,22h.11m. (1°♍43′)

NEW MOON–Dec. 1,15h.01m. (9°♐31′) & Dec.31,03h.12m. (9°♑32′)

D M	D W	Sidereal Time	☉ Long.	☉ Dec.	☽ Long.	☽ Lat.	☽ Dec.	☽ Node	24h. ☽ Long.	24h. ☽ Dec.
		h m s	° ′ ″	° ′	° ′ ″	° ′	° ′	° ′	° ′ ″	° ′
1	Th	16 41 47	9♐23 42	21 S 52	7♐46 07	4 S 12	25 S 45	10♈37	14♐46 35	27 S 03
2	F	16 45 43	10 24 34	22 01	21 51 10	4 46	27 56	10 34	28 59 10	28 23
3	S	16 49 40	11 25 26	22 09	6♑09 50	5 02	28 20	10 30	13♑22 22	27 48
4	Su	16 53 36	12 26 20	22 17	20 35 58	5 00	26 48	10 27	27 49 53	25 22
5	M	16 57 33	13 27 14	22 25	5♒03 24	4 39	23 30	10 24	12♒15 52	21 18
6	T	17 01 29	14 28 09	22 32	19 26 47	4 00	18 47	10 21	26 35 43	16 01
7	W	17 05 26	15 29 05	22 39	3♓42 20	3 06	13 02	10 18	10♓46 26	9 55
8	Th	17 09 23	16 30 01	22 45	17 47 53	2 02	6 42	10 14	24 46 37	3 S 24
9	F	17 13 19	17 30 58	22 51	1♈42 40	0 S 51	0 S 06	10 11	8♈36 02	3 N 11
10	S	17 17 16	18 31 56	22 57	15 26 47	0 N 22	6 N 25	10 08	22 14 58	9 33
11	Su	17 21 12	19 32 54	23 02	29 00 38	1 32	12 34	10 05	5♉43 49	15 24
12	M	17 25 09	20 33 53	23 06	12♉24 29	2 37	18 03	10 02	19 02 37	20 28
13	T	17 29 05	21 34 53	23 10	25 38 08	3 32	22 36	9 59	2♊10 58	24 26
14	W	17 33 02	22 35 53	23 14	8♊40 59	4 15	25 57	9 55	15 08 06	27 06
15	Th	17 36 58	23 36 54	23 17	21 32 10	4 44	27 54	9 52	27 53 07	28 19
16	F	17 40 55	24 37 56	23 20	4♋10 53	4 59	28 21	9 49	10♋25 26	28 01
17	S	17 44 52	25 38 58	23 22	16 36 48	4 59	27 21	9 46	22 45 03	26 21
18	Su	17 48 48	26 40 01	23 24	28 50 20	4 45	25 02	9 43	4♌52 52	23 28
19	M	17 52 45	27 41 05	23 25	10♌52 54	4 19	21 39	9 39	16 50 48	19 37
20	T	17 56 41	28 42 10	23 26	22 46 58	3 41	17 24	9 36	28 41 52	15 02
21	W	18 00 38	29♐43 15	23 26	4♍36 01	2 54	12 32	9 33	10♍30 00	9 55
22	Th	18 04 34	0♑44 21	23 26	16 24 25	2 00	7 12	9 30	22 19 56	4 N 26
23	F	18 08 31	1 45 27	23 26	28 17 14	1 N 00	1 N 36	9 27	4♎17 01	1 S 16
24	S	18 12 27	2 46 34	23 25	10♎19 58	0 S 03	4 S 09	9 24	16 26 48	7 01
25	Su	18 16 24	3 47 42	23 23	22 38 11	1 08	9 52	9 20	28 54 46	12 39
26	M	18 20 21	4 48 51	23 21	5♏17 06	2 11	15 20	9 17	11♏45 42	17 55
27	T	18 24 17	5 50 00	23 19	18 20 58	3 09	20 19	9 14	25 03 08	22 30
28	W	18 28 14	6 51 10	23 16	1♐52 20	3 59	24 26	9 11	8♐48 29	26 02
29	Th	18 32 10	7 52 20	23 12	15 51 20	4 36	27 15	9 08	23 00 26	28 03
30	F	18 36 07	8 53 31	23 09	0♑15 07	4 56	28 23	9 05	7♑34 33	28 13
31	S	18 40 03	9♑54 41	23 S 04	14♑57 46	4 S 58	27 S 32	9♈01	22♑23 39	26 S 22

D M	Mercury Lat.	Mercury Dec.		Venus Lat.	Venus Dec.		Mars Lat.	Mars Dec.		Jupiter Lat.	Jupiter Dec.
	° ′	° ′	° ′	° ′	° ′	° ′	° ′	° ′	° ′	° ′	° ′
1	2 N 26	16 S 44	16 S 32	2 S 55	24 S 25	24 S 14	0 N 46	15 N 08	15 N 08	1 N 03	13 S 05
3	2 37	16 25	16 22	2 45	24 02	23 49	0 50	15 09	15 09	1 03	13 13
5	2 41	16 24	16 28	2 33	23 37	23 24	0 55	15 10	15 11	1 03	13 20
7	2 39	16 36	16 47	2 20	23 11	22 58	0 59	15 12	15 13	1 04	13 28
9	2 32	17 00	17 15	2 06	22 44	22 31	1 03	15 15	15 16	1 04	13 35
11	2 23	17 32	17 50	1 50	22 17	22 04	1 07	15 18	15 21	1 04	13 42
13	2 11	18 09	18 29	1 33	21 50	21 36	1 10	15 23	15 25	1 04	13 49
15	1 57	18 50	19 10	1 14	21 22	21 09	1 13	15 28	15 31	1 04	13 56
17	1 42	19 31	19 51	0 54	20 55	20 41	1 16	15 34	15 37	1 04	14 03
19	1 27	20 12	20 32	0 32	20 27	20 14	1 19	15 41	15 44	1 04	14 09
21	1 11	20 52	21 11	0 S 08	20 00	19 47	1 22	15 48	15 52	1 05	14 16
23	0 55	21 29	21 47	0 N 17	19 34	19 21	1 24	15 56	16 01	1 05	14 22
25	0 39	22 04	22 20	0 44	19 08	18 55	1 26	16 05	16 10	1 05	14 28
27	0 24	22 36	22 50	1 12	18 42	18 30	1 29	16 14	16 19	1 05	14 34
29	0 N 09	23 03	23 S 15	1 41	18 18	18 S 06	1 30	16 24	16 N 29	1 05	14 40
31	0 S 06	23 S 27		2 N 12	17 S 55		1 N 32	16 N 35		1 N 06	14 S 46

FIRST QUARTER–Dec. 8,09h.36m. (16°♓24′)

FULL MOON–Dec.15,16h.16m. (23°♊48′)

D	☿	♀	♂	♃	♄	♅	♆	♇	Lunar Aspects								
M	Long.	Long.	Long.	Long.	Long.	Long.	Long.	Long.	☉	☿	♀	♂	♃	♄	♅	♆	♇
	° ′	° ′	° ′	° ′	° ′	° ′	° ′	° ′									
1	25♏22	22♑36	8♉45	7♏43	11♌14	6♓57	15♒10	23♐45	☌		∠		⚺	△	□		
2	24R 58	23 17	8R 38	7 55	11R 13	6 58	15 12	23 48		⚺	⚺	⚼	∠	⚼		✱	☌
3	24 46	23 56	8 32	8 07	11 12	6 58	15 13	23 50	⚺	∠		△	✱		✱	∠	
4	24D 45	24 34	8 27	8 19	11 10	6 59	15 14	23 52		✱	☌				∠	⚺	⚺
5	24 54	25 11	8 23	8 30	11 09	7 00	15 15	23 54	∠			□	□	☍	⚺		∠
6	25 13	25 47	8 20	8 42	11 07	7 01	15 17	23 56	✱	□	⚺					☌	✱
7	25 40	26 21	8 17	8 54	11 06	7 02	15 18	23 59				✱	△		☌		
8	26 15	26 54	8 15	9 06	11 04	7 03	15 19	24 01	□		∠	∠	⚼			⚺	□
9	26 57	27 25	8 14	9 17	11 02	7 05	15 21	24 03		△	✱	⚺		⚼	⚺	∠	
10	27 45	27 55	8D 14	9 29	11 00	7 06	15 22	24 05	△	⚼				△	∠	✱	
11	28 38	28 23	8 15	9 40	10 58	7 07	15 24	24 08	⚼		□						△
12	29♏36	28 49	8 16	9 52	10 56	7 08	15 25	24 10				●	☍	□	✱	□	⚼
13	0♐39	29 13	8 19	10 03	10 54	7 10	15 27	24 12		☍	△						
14	1 44	29 36	8 22	10 14	10 51	7 11	15 28	24 14			⚼	⚺		✱	□		
15	2 53	29♑57	8 25	10 26	10 49	7 13	15 30	24 17	☍			∠	⚼	∠		△	☍
16	4 05	0♒16	8 30	10 37	10 46	7 14	15 31	24 19				✱			△	⚼	
17	5 19	0 32	8 35	10 48	10 44	7 16	15 33	24 21		⚼			△	⚺	⚼		
18	6 35	0 47	8 41	10 59	10 41	7 17	15 34	24 23			☍						
19	7 53	1 00	8 47	11 10	10 38	7 19	15 36	24 26	⚼	△		□	□	☌		☍	⚼
20	9 13	1 10	8 55	11 20	10 35	7 21	15 38	24 28									△
21	10 34	1 18	9 03	11 31	10 32	7 22	15 39	24 30	△			△			☍		
22	11 57	1 24	9 11	11 42	10 29	7 24	15 41	24 32		□	⚼		✱	⚺			
23	13 20	1 27	9 21	11 52	10 26	7 26	15 43	24 35	□		△	⚼	∠	∠		⚼	□
24	14 44	1R 28	9 31	12 03	10 23	7 28	15 45	24 37		✱			⚺	✱		△	
25	16 09	1 27	9 41	12 13	10 19	7 30	15 46	24 39							⚼		✱
26	17 35	1 23	9 52	12 23	10 16	7 32	15 48	24 41	✱	∠	□	☍		□	△		∠
27	19 02	1 16	10 04	12 33	10 12	7 34	15 50	24 43	∠	⚺			☌			□	⚺
28	20 29	1 07	10 17	12 44	10 09	7 36	15 52	24 46	⚺		✱				□		
29	21 57	0 56	10 30	12 54	10 05	7 38	15 54	24 48		☌	∠		⚺	△		✱	
30	23 26	0 42	10 43	13 03	10 01	7 40	15 56	24 50			⚺	⚼	∠	⚼		∠	☌
31	24♐55	0♒26	10♉57	13♏13	9♌57	7♓42	15♒58	24♐52	☌			△	✱		✱	⚺	

D	Saturn		Uranus		Neptune		Pluto	
M	Lat.	Dec.	Lat.	Dec.	Lat.	Dec.	Lat.	Dec.
	° ′	° ′	° ′	° ′	° ′	° ′	° ′	° ′
1	0N33	17N56	0S46	9S41	0S09	16S26	7N31	15S47
3	0 33	17 57	0 46	9 40	0 09	16 25	7 30	15 48
5	0 34	17 58	0 46	9 39	0 09	16 25	7 30	15 48
7	0 34	17 59	0 46	9 38	0 09	16 24	7 30	15 49
9	0 34	18 01	0 46	9 37	0 09	16 23	7 30	15 49
11	0 35	18 02	0 46	9 36	0 09	16 22	7 29	15 50
13	0 35	18 03	0 46	9 35	0 09	16 21	7 29	15 50
15	0 35	18 05	0 46	9 34	0 09	16 20	7 29	15 51
17	0 35	18 07	0 46	9 33	0 09	16 19	7 29	15 51
19	0 36	18 09	0 45	9 32	0 09	16 19	7 29	15 51
21	0 36	18 11	0 45	9 30	0 09	16 18	7 28	15 52
23	0 36	18 13	0 45	9 29	0 09	16 17	7 28	15 52
25	0 37	18 15	0 45	9 27	0 09	16 15	7 28	15 52
27	0 37	18 17	0 45	9 26	0 09	16 14	7 28	15 52
29	0 37	18 19	0 45	9 24	0 09	16 13	7 28	15 53
31	0N38	18N21	0S45	9S23	0S09	16S12	7N28	15S53

Mutual Aspects

1 ♂⚼♇.
3 ☉△♄. ♀⚺♇. ☿∥♆.
4 ☿✱♀. ☿Stat.
5 ♂☍♃. ☿∥♆.
6 ☉±♂. ☉⊥♃.
7 ☉✱♆. ♃∠♇.
9 ☉∥♀.
10 ☿✱♀. ♂Stat.
13 ☿⋕♄.
15 ☉⊥♀. ☉⚼♂.
16 ☉☌♇. ☿Q♆. ♀⊥♇.
17 ☉∠♃. ☉⚼♄. ☉Q♅. ♃□♄.
19 ☿□♅. ☿∥♀.
20 ☿⚻♂. 21 ☿△♄.
22 ☉∠♆. ☿⚺♃. ♀⊥♅. ♂⋕♇.
23 ☉⚺♀.
24 ♀⊥♅. ♀Stat.
25 ☉±♄. ☿∠♀. ☿±♂. ☿✱♆. ♂⚼♇.
27 ☿⊥♃. ♂⋕♆.
28 ♂□♄.
29 ☉✱♅. ♀⋕♄.
30 ♀⊥♇. ☉∥☿.
31 ☉⚻♄. ☉⊥♆. ☿⊥♀. ☿⚼♄. ☿☌♇.

LAST QUARTER–Dec.23,19h.36m. (2°♎05′)

JANUARY

D	☉ ° ′ ″	☽ ° ′ ″	☽Dec. ° ′	☿ ° ′	♀ ° ′	♂ ′
1	1 01 09	12 21 19	5 40	1 08	1 15	41
2	1 01 09	12 37 49	5 56	1 11	1 15	41
3	1 01 09	12 58 54	5 59	1 13	1 15	41
4	1 01 10	13 24 10	5 48	1 15	1 15	41
5	1 01 10	13 52 29	5 17	1 16	1 15	41
6	1 01 10	14 21 42	4 20	1 18	1 15	41
7	1 01 10	14 48 41	2 53	1 19	1 15	42
8	1 01 10	15 09 39	0 59	1 20	1 15	42
9	1 01 10	15 21 05	1 08	1 22	1 15	42
10	1 01 10	15 20 46	3 09	1 23	1 15	42
11	1 01 10	15 08 38	4 44	1 24	1 15	42
12	1 01 09	14 46 51	5 47	1 24	1 15	42
13	1 01 08	14 18 57	6 19	1 25	1 15	42
14	1 01 08	13 48 48	6 26	1 26	1 15	42
15	1 01 07	13 19 39	6 14	1 27	1 15	42
16	1 01 06	12 53 45	5 48	1 27	1 15	42
17	1 01 05	12 32 21	5 10	1 28	1 15	42
18	1 01 05	12 15 52	4 22	1 29	1 15	42
19	1 01 04	12 04 10	3 24	1 29	1 15	42
20	1 01 03	11 56 41	2 17	1 30	1 15	42
21	1 01 02	11 52 44	1 03	1 31	1 15	42
22	1 01 01	11 51 32	0 15	1 31	1 15	42
23	1 01 00	11 52 22	1 31	1 32	1 15	42
24	1 01 00	11 54 41	2 41	1 33	1 15	42
25	1 00 59	11 58 11	3 42	1 33	1 15	42
26	1 00 58	12 02 49	4 32	1 34	1 15	42
27	1 00 57	12 08 49	5 09	1 34	1 15	42
28	1 00 56	12 16 40	5 36	1 35	1 15	42
29	1 00 55	12 26 59	5 51	1 36	1 15	42
30	1 00 55	12 40 23	5 55	1 36	1 15	42
31	1 00 54	12 57 19	5 45	1 37	1 15	42

FEBRUARY

D	☉ ° ′ ″	☽ ° ′ ″	☽Dec. ° ′	☿ ° ′	♀ ° ′	♂ ′
1	1 00 53	13 17 53	5 19	1 38	1 15	42
2	1 00 53	13 41 33	4 32	1 39	1 15	42
3	1 00 52	14 06 58	3 20	1 39	1 15	42
4	1 00 51	14 31 53	1 42	1 40	1 15	42
5	1 00 50	14 53 11	0 15	1 41	1 15	42
6	1 00 49	15 07 33	2 17	1 42	1 15	42
7	1 00 48	15 12 15	4 06	1 42	1 15	42
8	1 00 47	15 06 03	5 28	1 43	1 15	42
9	1 00 45	14 49 44	6 18	1 44	1 15	42
10	1 00 44	14 25 47	6 39	1 45	1 15	42
11	1 00 42	13 57 34	6 35	1 46	1 15	42
12	1 00 41	13 28 27	6 12	1 46	1 15	43
13	1 00 39	13 01 09	5 34	1 47	1 15	43
14	1 00 38	12 37 33	4 45	1 48	1 15	43
15	1 00 36	12 18 39	3 45	1 49	1 15	43
16	1 00 34	12 04 49	2 37	1 50	1 15	43
17	1 00 32	11 55 56	1 22	1 50	1 15	43
18	1 00 31	11 51 34	0 04	1 51	1 15	43
19	1 00 29	11 51 03	1 13	1 52	1 15	43
20	1 00 27	11 53 39	2 26	1 52	1 15	43
21	1 00 25	11 58 38	3 30	1 52	1 15	43
22	1 00 23	12 05 20	4 23	1 53	1 15	43
23	1 00 22	12 13 13	5 06	1 53	1 15	43
24	1 00 20	12 22 00	5 36	1 53	1 15	43
25	1 00 18	12 31 38	5 54	1 53	1 15	43
26	1 00 17	12 42 16	5 59	1 52	1 15	43
27	1 00 15	12 54 13	5 51	1 51	1 15	43
28	1 00 14	13 07 48	5 26	1 50	1 15	43

MARCH

D	☉ ° ′ ″	☽ ° ′ ″	☽Dec. ° ′	☿ ° ′	♀ ° ′	♂ ′
1	1 00 12	13 23 13	4 42	1 49	1 15	43
2	1 00 11	13 40 17	3 36	1 47	1 15	43
3	1 00 09	13 58 20	2 08	1 45	1 15	43
4	1 00 08	14 16 04	0 22	1 42	1 15	43
5	1 00 06	14 31 38	1 33	1 39	1 15	43
6	1 00 05	14 42 52	3 22	1 35	1 15	43
7	1 00 03	14 47 43	4 53	1 30	1 15	43
8	1 00 01	14 44 54	5 58	1 25	1 15	43
9	0 59 59	14 34 15	6 35	1 20	1 15	43
10	0 59 57	14 16 48	6 45	1 14	1 15	43
11	0 59 55	13 54 35	6 33	1 07	1 15	43
12	0 59 53	13 30 01	6 01	1 00	1 15	43
13	0 59 51	13 05 26	5 14	0 53	1 15	43
14	0 59 49	12 42 50	4 14	0 45	1 15	43
15	0 59 47	12 23 37	3 05	0 37	1 15	43
16	0 59 45	12 08 42	1 48	0 29	1 15	43
17	0 59 43	11 58 30	0 28	0 21	1 15	43
18	0 59 40	11 53 05	0 51	0 12	1 15	43
19	0 59 38	11 52 14	2 05	0 04	1 15	43
20	0 59 36	11 55 31	3 12	0 04	1 15	43
21	0 59 34	12 02 20	4 09	0 12	1 15	43
22	0 59 31	12 11 59	4 56	0 19	1 15	43
23	0 59 29	12 23 41	5 32	0 26	1 15	43
24	0 59 27	12 36 39	5 55	0 32	1 15	43
25	0 59 25	12 50 14	6 06	0 38	1 15	43
26	0 59 23	13 03 50	6 02	0 42	1 15	43
27	0 59 21	13 17 03	5 40	0 46	1 15	43
28	0 59 19	13 29 39	4 59	0 49	1 15	43
29	0 59 17	13 41 29	3 55	0 50	1 15	43
30	0 59 16	13 52 25	2 30	0 51	1 15	43
31	0 59 14	14 02 14	0 47	0 50	1 15	43

APRIL

D	☉ ° ′ ″	☽ ° ′ ″	☽Dec. ° ′	☿ ° ′	♀ ° ′	♂ ′
1	0 59 12	14 10 31	1 04	0 49	1 14	43
2	0 59 10	14 16 44	2 50	0 47	1 14	44
3	0 59 09	14 20 07	4 21	0 44	1 14	44
4	0 59 07	14 19 57	5 30	0 40	1 14	44
5	0 59 05	14 15 39	6 16	0 36	1 14	44
6	0 59 03	14 07 00	6 37	0 31	1 14	44
7	0 59 01	13 54 15	6 37	0 26	1 14	44
8	0 58 59	13 38 08	6 16	0 21	1 14	44
9	0 58 57	13 19 47	5 37	0 15	1 14	44
10	0 58 55	13 00 33	4 43	0 10	1 14	44
11	0 58 53	12 41 49	3 36	0 04	1 14	44
12	0 58 51	12 24 54	2 19	0 01	1 14	44
13	0 58 49	12 10 52	0 57	0 06	1 14	44
14	0 58 46	12 00 34	0 25	0 11	1 14	44
15	0 58 44	11 54 31	1 42	0 16	1 14	44
16	0 58 42	11 53 04	2 51	0 21	1 14	44
17	0 58 40	11 56 15	3 51	0 25	1 14	44
18	0 58 37	12 03 53	4 40	0 30	1 14	44
19	0 58 35	12 15 33	5 19	0 34	1 14	44
20	0 58 33	12 30 34	5 48	0 38	1 14	44
21	0 58 31	12 48 01	6 05	0 42	1 14	44
22	0 58 29	13 06 44	6 09	0 45	1 14	44
23	0 58 27	13 25 25	5 55	0 49	1 14	44
24	0 58 25	13 42 43	5 21	0 52	1 14	44
25	0 58 23	13 57 24	4 22	0 55	1 14	44
26	0 58 22	14 08 30	2 58	0 58	1 14	44
27	0 58 20	14 15 30	1 15	1 01	1 14	44
28	0 58 19	14 18 24	0 39	1 04	1 14	44
29	0 58 17	14 17 34	2 28	1 07	1 14	44
30	0 58 15	14 13 38	4 01	1 09	1 14	44

MAY

D	☉	☽	☽Dec.	☿	♀	♂
	° ′ ″	° ′ ″	° ′	° ′	° ′	′
1	0 58 14	14 07 20	5 11	1 12	1 14	44
2	0 58 12	13 59 14	5 59	1 14	1 14	44
3	0 58 11	13 49 47	6 24	1 17	1 14	43
4	0 58 09	13 39 09	6 29	1 19	1 14	43
5	0 58 08	13 27 27	6 17	1 21	1 14	43
6	0 58 06	13 14 45	5 47	1 23	1 14	43
7	0 58 05	13 01 13	5 01	1 25	1 14	43
8	0 58 03	12 47 12	4 00	1 28	1 14	43
9	0 58 02	12 33 17	2 47	1 30	1 14	43
10	0 58 00	12 20 10	1 26	1 32	1 14	43
11	0 57 58	12 08 42	0 02	1 34	1 14	43
12	0 57 57	11 59 44	1 18	1 36	1 14	43
13	0 57 55	11 54 04	2 30	1 38	1 14	43
14	0 57 53	11 52 23	3 31	1 40	1 14	43
15	0 57 51	11 55 11	4 22	1 42	1 14	43
16	0 57 50	12 02 47	5 03	1 44	1 14	43
17	0 57 48	12 15 12	5 34	1 46	1 14	43
18	0 57 46	12 32 09	5 56	1 48	1 14	43
19	0 57 45	12 52 55	6 05	1 50	1 14	43
20	0 57 43	13 16 17	6 01	1 52	1 14	43
21	0 57 42	13 40 33	5 37	1 54	1 14	43
22	0 57 40	14 03 32	4 49	1 57	1 14	43
23	0 57 39	14 22 53	3 34	1 58	1 14	43
24	0 57 38	14 36 29	1 53	2 00	1 14	43
25	0 57 37	14 42 55	0 05	2 02	1 14	43
26	0 57 35	14 41 55	2 03	2 04	1 14	43
27	0 57 34	14 34 18	3 44	2 06	1 13	43
28	0 57 34	14 21 46	5 01	2 07	1 13	43
29	0 57 33	14 06 20	5 52	2 09	1 13	43
30	0 57 32	13 49 52	6 18	2 10	1 13	43
31	0 57 31	13 33 43	6 25	2 11	1 13	43

JUNE

D	☉	☽	☽Dec.	☿	♀	♂
	° ′ ″	° ′ ″	° ′	° ′	° ′	′
1	0 57 30	13 18 41	6 15	2 11	1 13	43
2	0 57 29	13 05 03	5 49	2 12	1 13	42
3	0 57 29	12 52 41	5 08	2 12	1 13	42
4	0 57 28	12 41 19	4 14	2 12	1 13	42
5	0 57 27	12 30 41	3 06	2 12	1 13	42
6	0 57 26	12 20 39	1 49	2 11	1 13	42
7	0 57 26	12 11 19	0 26	2 10	1 13	42
8	0 57 25	12 03 03	0 55	2 09	1 13	42
9	0 57 24	11 56 23	2 10	2 08	1 13	42
10	0 57 23	11 52 03	3 14	2 06	1 13	42
11	0 57 22	11 50 48	4 07	2 05	1 13	42
12	0 57 21	11 53 25	4 49	2 03	1 13	42
13	0 57 20	12 00 31	5 21	2 01	1 13	42
14	0 57 19	12 12 34	5 43	1 59	1 13	42
15	0 57 18	12 29 42	5 55	1 57	1 13	41
16	0 57 17	12 51 39	5 56	1 54	1 13	41
17	0 57 16	13 17 31	5 42	1 52	1 13	41
18	0 57 16	13 45 40	5 07	1 50	1 13	41
19	0 57 15	14 13 38	4 06	1 47	1 13	41
20	0 57 14	14 38 22	2 36	1 45	1 13	41
21	0 57 14	14 56 36	0 41	1 43	1 13	41
22	0 57 13	15 05 48	1 23	1 40	1 13	41
23	0 57 13	15 04 51	3 19	1 38	1 13	41
24	0 57 13	14 54 25	4 50	1 36	1 13	41
25	0 57 13	14 36 42	5 51	1 33	1 13	41
26	0 57 13	14 14 42	6 23	1 31	1 13	40
27	0 57 12	13 51 19	6 32	1 29	1 13	40
28	0 57 13	13 28 50	6 21	1 26	1 13	40
29	0 57 13	13 08 40	5 55	1 24	1 13	40
30	0 57 13	12 51 28	5 16	1 21	1 13	40

JULY

D	☉	☽	☽Dec.	☿	♀	♂
	° ′ ″	° ′ ″	° ′	° ′	° ′	′
1	0 57 13	12 37 16	4 24	1 19	1 13	40
2	0 57 13	12 25 43	3 19	1 16	1 13	40
3	0 57 13	12 16 18	2 05	1 13	1 13	40
4	0 57 13	12 08 33	0 45	1 11	1 13	39
5	0 57 14	12 02 04	0 37	1 08	1 13	39
6	0 57 14	11 56 46	1 53	1 05	1 13	39
7	0 57 14	11 52 45	3 00	1 02	1 13	39
8	0 57 14	11 50 25	3 56	0 59	1 13	39
9	0 57 14	11 50 22	4 39	0 56	1 13	39
10	0 57 14	11 53 19	5 12	0 53	1 13	39
11	0 57 14	12 00 00	5 34	0 49	1 13	38
12	0 57 14	12 11 04	5 47	0 46	1 13	38
13	0 57 14	12 27 00	5 49	0 42	1 13	38
14	0 57 14	12 47 55	5 39	0 38	1 12	38
15	0 57 14	13 13 21	5 13	0 35	1 12	38
16	0 57 14	13 42 05	4 25	0 30	1 12	37
17	0 57 14	14 12 00	3 11	0 26	1 12	37
18	0 57 14	14 39 59	1 29	0 22	1 12	37
19	0 57 15	15 02 26	0 32	0 17	1 12	37
20	0 57 15	15 15 56	2 36	0 13	1 12	37
21	0 57 15	15 18 21	4 24	0 08	1 12	37
22	0 57 16	15 09 32	5 43	0 03	1 12	36
23	0 57 16	14 51 21	6 29	0 02	1 12	36
24	0 57 17	14 26 56	6 46	0 07	1 12	36
25	0 57 18	13 59 48	6 38	0 12	1 12	36
26	0 57 19	13 32 54	6 13	0 17	1 12	35
27	0 57 20	13 08 20	5 32	0 22	1 12	35
28	0 57 21	12 47 18	4 39	0 26	1 12	35
29	0 57 22	12 30 13	3 34	0 31	1 12	35
30	0 57 23	12 16 57	2 21	0 35	1 12	35
31	0 57 24	12 07 05	1 01	0 38	1 12	34

AUGUST

D	☉	☽	☽Dec.	☿	♀	♂
	° ′ ″	° ′ ″	° ′	° ′	° ′	′
1	0 57 25	12 00 04	0 20	0 41	1 12	34
2	0 57 26	11 55 19	1 37	0 44	1 12	34
3	0 57 27	11 52 23	2 47	0 45	1 12	33
4	0 57 28	11 51 02	3 46	0 46	1 12	33
5	0 57 29	11 51 14	4 32	0 46	1 12	33
6	0 57 30	11 53 12	5 07	0 46	1 12	33
7	0 57 31	11 57 21	5 31	0 44	1 12	32
8	0 57 32	12 04 15	5 44	0 42	1 12	32
9	0 57 33	12 14 31	5 47	0 38	1 12	32
10	0 57 34	12 28 41	5 38	0 34	1 12	31
11	0 57 35	12 47 03	5 15	0 29	1 11	31
12	0 57 36	13 09 31	4 35	0 24	1 11	31
13	0 57 37	13 35 21	3 32	0 18	1 11	30
14	0 57 38	14 03 01	2 05	0 12	1 11	30
15	0 57 39	14 30 05	0 16	0 05	1 11	30
16	0 57 40	14 53 22	1 45	0 02	1 11	29
17	0 57 41	15 09 35	3 40	0 10	1 11	29
18	0 57 42	15 16 06	5 15	0 17	1 11	28
19	0 57 43	15 11 47	6 20	0 25	1 11	28
20	0 57 44	14 57 25	6 53	0 32	1 11	28
21	0 57 46	14 35 22	6 57	0 40	1 11	27
22	0 57 47	14 08 47	6 38	0 47	1 11	27
23	0 57 49	13 40 50	5 59	0 54	1 11	26
24	0 57 51	13 14 04	5 05	1 01	1 11	26
25	0 57 53	12 50 15	3 59	1 07	1 11	26
26	0 57 55	12 30 23	2 43	1 14	1 11	25
27	0 57 56	12 14 49	1 22	1 20	1 11	25
28	0 57 58	12 03 29	0 01	1 25	1 11	24
29	0 58 00	11 56 03	1 20	1 30	1 11	24
30	0 58 02	11 52 01	2 32	1 35	1 10	23
31	0 58 04	11 50 50	3 34	1 39	1 10	23

SEPTEMBER

D	☉	☽	☽Dec.	☿	♀	♂
	° ′ ″	° ′ ″	° ′	° ′	° ′	′
1	0 58 05	11 52 01	4 24	1 42	1 10	22
2	0 58 07	11 55 10	5 03	1 45	1 10	22
3	0 58 09	12 00 03	5 30	1 48	1 10	21
4	0 58 10	12 06 38	5 46	1 50	1 10	20
5	0 58 12	12 15 03	5 51	1 52	1 10	20
6	0 58 14	12 25 33	5 43	1 53	1 10	19
7	0 58 15	12 38 26	5 21	1 54	1 10	19
8	0 58 17	12 53 56	4 43	1 55	1 10	18
9	0 58 18	13 12 05	3 46	1 55	1 10	17
10	0 58 20	13 32 30	2 28	1 55	1 10	17
11	0 58 22	13 54 17	0 49	1 55	1 10	16
12	0 58 23	14 15 56	1 02	1 55	1 10	15
13	0 58 25	14 35 22	2 54	1 54	1 09	15
14	0 58 26	14 50 10	4 34	1 53	1 09	14
15	0 58 28	14 58 09	5 51	1 53	1 09	13
16	0 58 29	14 57 51	6 41	1 52	1 09	13
17	0 58 31	14 49 00	7 02	1 51	1 09	12
18	0 58 33	14 32 36	6 56	1 50	1 09	11
19	0 58 35	14 10 39	6 27	1 49	1 09	10
20	0 58 37	13 45 37	5 37	1 48	1 09	10
21	0 58 39	13 19 56	4 32	1 47	1 09	9
22	0 58 42	12 55 41	3 15	1 46	1 09	8
23	0 58 44	12 34 22	1 50	1 45	1 08	7
24	0 58 46	12 16 58	0 24	1 44	1 08	6
25	0 58 49	12 03 57	0 59	1 44	1 08	6
26	0 58 51	11 55 28	2 14	1 43	1 08	5
27	0 58 53	11 51 20	3 19	1 42	1 08	4
28	0 58 55	11 51 11	4 12	1 41	1 08	3
29	0 58 57	11 54 31	4 54	1 40	1 08	2
30	0 58 59	12 00 48	5 25	1 39	1 08	1

OCTOBER

D	☉	☽	☽Dec.	☿	♀	♂
	° ′ ″	° ′ ″	° ′	° ′	° ′	′
1	0 59 02	12 09 25	5 46	1 38	1 08	0
2	0 59 04	12 19 49	5 55	1 37	1 07	1
3	0 59 06	12 31 31	5 51	1 36	1 07	1
4	0 59 08	12 44 08	5 33	1 36	1 07	2
5	0 59 10	12 57 24	4 57	1 35	1 07	3
6	0 59 12	13 11 08	4 02	1 34	1 07	4
7	0 59 14	13 25 10	2 47	1 33	1 07	5
8	0 59 15	13 39 19	1 13	1 32	1 07	6
9	0 59 17	13 53 14	0 33	1 32	1 06	7
10	0 59 19	14 06 22	2 21	1 31	1 06	8
11	0 59 21	14 17 52	3 58	1 30	1 06	9
12	0 59 22	14 26 42	5 18	1 29	1 06	9
13	0 59 24	14 31 44	6 15	1 29	1 06	10
14	0 59 26	14 31 55	6 47	1 28	1 06	11
15	0 59 28	14 26 40	6 56	1 27	1 05	12
16	0 59 30	14 15 54	6 40	1 26	1 05	13
17	0 59 32	14 00 14	6 02	1 26	1 05	13
18	0 59 34	13 40 54	5 05	1 25	1 05	14
19	0 59 36	13 19 29	3 51	1 24	1 04	15
20	0 59 38	12 57 45	2 26	1 23	1 04	16
21	0 59 40	12 37 21	0 56	1 22	1 04	16
22	0 59 43	12 19 39	0 32	1 21	1 04	17
23	0 59 45	12 05 41	1 52	1 20	1 04	18
24	0 59 47	11 56 09	3 00	1 19	1 03	18
25	0 59 49	11 51 23	3 57	1 18	1 03	19
26	0 59 51	11 51 28	4 41	1 17	1 03	19
27	0 59 53	11 56 11	5 15	1 15	1 02	20
28	0 59 56	12 05 05	5 40	1 14	1 02	20
29	0 59 58	12 17 32	5 53	1 12	1 02	20
30	1 00 00	12 32 37	5 56	1 10	1 02	21
31	1 00 02	12 49 17	5 44	1 08	1 01	21

NOVEMBER

D	☉	☽	☽Dec.	☿	♀	♂
	° ′ ″	° ′ ″	° ′	° ′	° ′	′
1	1 00 04	13 06 21	5 14	1 06	1 01	21
2	1 00 06	13 22 39	4 24	1 03	1 01	21
3	1 00 08	13 37 10	3 11	1 00	1 00	21
4	1 00 09	13 49 08	1 38	0 57	1 00	21
5	1 00 11	13 58 13	0 09	0 54	0 59	21
6	1 00 13	14 04 26	1 57	0 50	0 59	21
7	1 00 14	14 08 07	3 36	0 46	0 59	21
8	1 00 15	14 09 40	4 55	0 41	0 58	21
9	1 00 17	14 09 27	5 53	0 35	0 58	21
10	1 00 18	14 07 34	6 28	0 29	0 57	20
11	1 00 19	14 03 54	6 43	0 22	0 57	20
12	1 00 21	13 58 07	6 36	0 15	0 56	20
13	1 00 22	13 49 49	6 10	0 06	0 56	19
14	1 00 24	13 38 45	5 24	0 02	0 55	19
15	1 00 26	13 25 02	4 19	0 12	0 54	18
16	1 00 27	13 09 10	2 59	0 22	0 54	18
17	1 00 29	12 52 04	1 30	0 32	0 53	17
18	1 00 31	12 34 56	0 01	0 43	0 53	17
19	1 00 32	12 19 05	1 26	0 53	0 52	16
20	1 00 34	12 05 44	2 40	1 02	0 51	16
21	1 00 36	11 55 59	3 40	1 10	0 50	15
22	1 00 37	11 50 40	4 27	1 17	0 50	14
23	1 00 39	11 50 22	5 03	1 21	0 49	13
24	1 00 40	11 55 19	5 29	1 22	0 48	13
25	1 00 42	12 05 32	5 45	1 21	0 47	12
26	1 00 44	12 20 35	5 52	1 17	0 46	11
27	1 00 45	12 39 42	5 47	1 10	0 45	10
28	1 00 47	13 01 35	5 26	1 02	0 44	10
29	1 00 48	13 24 30	4 46	0 52	0 43	9
30	1 00 50	13 46 23	3 41	0 41	0 42	8

DECEMBER

D	☉	☽	☽Dec.	☿	♀	♂
	° ′ ″	° ′ ″	° ′	° ′	° ′	′
1	1 00 51	14 05 03	2 12	0 29	0 41	7
2	1 00 52	14 18 40	0 23	0 18	0 40	6
3	1 00 53	14 26 09	1 32	0 06	0 39	5
4	1 00 54	14 27 26	3 18	0 04	0 38	5
5	1 00 55	14 23 23	4 44	0 14	0 36	4
6	1 00 55	14 15 33	5 44	0 23	0 35	3
7	1 00 56	14 05 33	6 21	0 31	0 33	2
8	1 00 57	13 54 47	6 36	0 39	0 32	1
9	1 00 57	13 44 07	6 31	0 45	0 30	1
10	1 00 58	13 33 52	6 09	0 51	0 29	0
11	1 00 59	13 23 51	5 29	0 56	0 27	1
12	1 00 59	13 13 39	4 33	1 00	0 25	2
13	1 01 00	13 02 51	3 21	1 04	0 24	3
14	1 01 01	12 51 11	1 57	1 07	0 22	3
15	1 01 01	12 38 43	0 27	1 10	0 20	4
16	1 01 02	12 25 55	1 00	1 13	0 18	5
17	1 01 03	12 13 32	2 19	1 15	0 16	6
18	1 01 03	12 02 34	3 24	1 17	0 14	6
19	1 01 04	11 54 04	4 15	1 19	0 11	7
20	1 01 05	11 49 03	4 53	1 20	0 09	8
21	1 01 06	11 48 24	5 19	1 22	0 07	8
22	1 01 06	11 52 49	5 36	1 23	0 05	9
23	1 01 07	12 02 44	5 45	1 24	0 02	10
24	1 01 08	12 18 13	5 43	1 25	0 00	10
25	1 01 08	12 38 55	5 29	1 26	0 03	11
26	1 01 09	13 03 52	4 59	1 26	0 05	11
27	1 01 09	13 31 22	4 07	1 27	0 08	12
28	1 01 10	13 59 00	2 50	1 28	0 10	13
29	1 01 10	14 23 46	1 07	1 28	0 13	13
30	1 01 11	14 42 39	0 50	1 29	0 15	14
31	1 01 11	14 53 18	2 48	1 29	0 18	14

JANUARY

Day	Time	Aspect	
1 Sa	01 15	☽∠♄	b
	02 57	☽△☉	G
	03 59	☽#♅	B
	10 32	☿±♄	
	15 50	☽⊻♃	g
	19 42	☽□☿	B
	21 26	☽□♀	B
2 Su	02 17	☽#♃	G
	02 23	☽□♇	B
	06 23	☽⚹♄	G
	14 13	☽⊡♆	b
	16 19	☽♎	
3 Mo	03 25	☽⚹♂	G
	07 24	♂#♄	
	07 42	♀Q♅	
	17 46	☽□☉	B
	18 39	☽△♆	G
	23 33	♀☌♇	
4 Tu	00 12	☽∥♃	G
	01 23	☽•♃	G
	02 05	☿Q♅	
	04 06	☽⊡♅	b
	05 26	☉⊻♆	
	08 56	☽∠♂	b
	10 22	☽⚹☿	G
	11 04	☽⚹♇	G
	11 08	☉∥♀	
	12 15	☽⚹♀	G
	14 20	☽□♄	B
	17 58	☿☌♇	
	20 27	☽∥♅	B
5 We	00 00	☽♏	
	07 16	☽△♅	G
	09 06	♀⊽♄	
	13 17	☽⊻♂	g
	13 59	☽∠♇	b
	15 21	☽∥♇	D
	15 57	☽∠☿	b
	17 44	☽∠♀	b
	21 57	☽∥♆	D
6 Th	00 39	☽□♆	B
	01 30	☿⊽♄	
	03 57	☽⚹☉	G
	07 05	☽⊻♃	g
	08 50	☉∥☿	
	15 53	☽⊻♇	g
	18 29	☽△♄	G
	19 37	☽#♄	B
	20 17	☽⊻☿	g
	21 43	☽∥♂	B
	21 54	☽⊻♀	g
7 Fr	01 53	☽∥☉	G
	03 11	☽∥☿	G
	03 44	☽♐	
	05 02	☽∥♀	G
	07 12	☽∠☉	b
	08 26	☽∠♃	b
	10 39	☽□♅	B
	18 36	☽☌♂	B
	19 11	☽⊡♄	b
8 Sa	02 12	☉□♃	
	02 48	☽⚹♆	G
	05 46	♂⊡♄	
	08 58	☽⚹♃	G
	09 25	☽⊻☉	g
	17 05	☽☌♇	D
9	00 03	♀∠♆	
Su	01 49	☽☌☿	G
	02 48	☽∠♆	b
	03 02	☽☌♀	G
	04 11	☽♑	
	10 29	☉∠♅	
	10 54	☽⚹♅	G
	13 00	☿∠♆	
	16 56	♀♑	
	17 12	♀Q♃	
	20 37	☽⊻♂	g
	23 56	☉∥♂	
10 Mo	02 23	☽⊻♆	g
	02 57	☿∥♀	
	04 09	☿♑	
	05 00	☿Q♃	
	08 28	☽□♃	B
	10 25	☽∠♅	b
	12 03	☽☌☉	D
	16 17	☽⊻♇	g
	17 58	☽☍♄	B
	21 09	☽∠♂	b
11 Tu	03 07	☽♒	
	05 23	☽⊻☿	g
	06 09	☽⊻♀	g
	09 56	☽⊻♅	g
	14 16	☽∥☿	G
	15 03	☽∥♀	G
	15 49	☽∠♇	b
	20 18	☽∥♂	B
	21 49	☽⚹♂	G
	22 54	☽∥☉	G
12 We	00 44	☽#♄	B
	01 30	☽☌♆	D
	07 27	☽∠☿	b
	07 49	☽△♃	G
	07 58	☽∠♀	b
	14 43	☽⊻☉	g
	15 44	☽⚹♇	G
	21 52	☽∥♆	D
13 Th	02 50	☽♓	
	03 43	☽∥♇	D
	05 59	♀⚹♅	
	06 01	☉⊻♇	
	08 09	☽⊡♃	b
	08 33	☿⚹♅	
	10 07	☽☌♅	B
	10 17	☽⚹☿	G
	10 29	☽⚹♀	G
	17 00	☽∠☉	b
	17 28	☽⊡♄	b
	21 56	☉#♄	
	21 58	☽∥♅	B
	23 06	☉☍♄	
14 Fr	00 56	☽□♂	B
	02 30	☽⊻♆	g
	02 35	☿☌♀	
	15 19	☽∥♃	G
	17 39	☽□♇	B
	18 42	☽△♄	G
	20 22	☽⚹☉	G
15 Sa	04 17	☽∠♆	b
	05 27	☽♈	
	10 39	♂⚹♆	
	13 28	☽⊻♅	g
	18 56	☽□♀	B
	19 34	☽□☿	B
16 Su	02 10	☿⊥♆	
	07 08	☽⚹♆	G
	08 12	☽△♂	G
	09 33	♀⊥♆	
	12 29	☽#♃	G
	14 33	☽☍♃	B
	16 41	☽∠♅	b
	23 30	☽△♇	G
17 Mo	00 09	☽□♄	B
	06 57	☽□☉	B
	07 03	☽#♅	B
	12 06	☽♉	
	13 40	☽⊡♂	b
	20 57	☽⚹♅	G
18 Tu	03 57	☽⊡♇	b
	04 14	☽#♇	D
	08 51	☽△♀	G
	10 44	☽△☿	G
	10 49	☽#♆	D
	15 51	☽□♆	B
	16 42	☉⊥♅	
19 We	06 41	☽#☉	G
	08 08	☉⊥♇	
	09 24	☽⚹♄	G
	13 29	☽∥♄	B
	17 34	☽⊡♀	b
	19 40	♂±♄	
	19 53	♀∥♂	
	20 14	☽⊡☿	b
	22 19	☽△☉	G
	22 24	☽♊	
	23 05	☽#♀	G
	23 14	☽#♂	B
	23 22	☉♒	
20 Th	01 37	♄⊽♇	
	03 43	☽#☿	G
	05 34	☽⊡♃	b
	06 11	☿⊻♆	
	07 56	☽□♅	B
	15 02	☽∠♄	b
21 Fr	03 32	☽△♆	G
	07 08	☽⊡☉	b
	07 59	♀⊻♆	
	11 35	☽☍♂	B
	11 46	☽△♃	G
	14 54	♂⚹♃	
	21 01	☽⊻♄	g
	21 26	☽☍♇	B
22 Sa	09 54	☽⊡♆	b
	10 42	☽♋	
	20 38	☽△♅	G
23 Su	00 24	☿□♃	
	20 04	☿∠♅	
	20 13	☿∥♂	
	22 49	☽☍♀	B
24 Mo	00 36	☽□♃	B
	03 07	☽⊡♅	b
	03 08	☿⊻♂	
	04 07	☽☍☿	B
	09 17	☽☌♄	B
	16 09	♀□♃	
	21 38	☉⊻♅	
	23 21	☽♌	
25 Tu	10 32	☽☍☉	B
	12 11	☽⊡♂	b
	13 16	☽#♂	B
	16 04	☽#☿	G
	16 33	☽⊡♇	b
	17 08	♀∠♅	
	18 04	☿☍♄	
	20 41	☽#♀	G
26	01 15	☽∥♄	B
We	04 00	☿⊻♇	
	04 59	☽☍♆	B
	13 05	☽⚹♃	G
	18 51	☽#☉	G
	20 05	☽△♂	G
	21 08	☽⊻♄	g
	22 39	☽△♇	G
27 Th	05 42	☽#♆	D
	11 24	☽♍	
	12 01	☽#♇	D
	12 24	♂⊽♄	
	18 58	☽∠♃	b
	20 52	♀☍♄	
	20 57	☉∠♂	
	21 39	☽☍♅	B
28 Fr	01 58	♂Q♅	
	02 43	☽∠♄	b
	03 26	☽⊡♀	b
	08 51	♀⊻♂	
	11 03	☽#♅	B
	11 09	☉∠♇	
	11 31	☽⊡☿	b
	13 45	♀⊻♇	
	17 47	♂☌♇	
29 Sa	00 31	☽⊻♃	g
	05 18	☽#♃	G
	07 57	☽⚹♄	G
	09 56	☽□♇	B
	10 52	☽□♂	B
	11 55	☽⊡☉	b
	12 09	☽△♀	G
	17 09	♀#♄	
	18 39	☿⊥♅	
	21 07	☽△☿	G
	22 00	☽⊡♆	b
	22 13	☽♎	
30 Su	00 47	☿⊥♇	
	05 37	☿♒	
	19 18	☽△☉	G
	23 52	☿⊥♂	
31 Mo	02 12	☿#♄	
	02 45	☽△♆	G
	07 02	☽∥♃	G
	10 08	☽•♃	G
	12 58	☽⊡♅	b
	16 53	☽□♄	B
	19 15	☽⚹♇	G
	23 18	☽⚹♂	G

FEBRUARY

Day	Time	Aspect	
1 Tu	00 05	☽∥♅	B
	03 21	☽□♀	B
	06 51	☽♏	
	13 48	☽□☿	B
	16 47	☽△♅	G
	21 35	☽∥♇	D
	22 50	☽∠♇	b
2 We	02 22	♃Stat	
	02 59	☽∥♆	D
	04 14	☽∠♂	b
	04 39	☽∥☉	G
	05 13	♀⊥♅	
	07 27	☽□☉	B
	10 04	☽□♆	B
	11 20	♀⊥♇	
	14 27	☿∥♀	
	14 31	☿⊻♅	
	15 42	♀♒	
	16 54	☽⊻♃	g
	22 56	☽△♄	G
	23 25	☽∥☿	G
	23 41	☽∥♀	G
3 Th	01 34	☽⊻♇	g
	04 53	☽#♄	B
	08 10	☽⊻♂	g
	11 43	☉∥♆	
	12 21	☽♐	
	14 24	☽⚹♀	G
	16 50	☽∥♂	B
	18 59	☽∠♃	b
	19 29	☉☌♆	
	21 52	☽□♅	B
4 Fr	00 42	☽⊡♄	b
	01 53	☽⚹☿	G
	14 00	☽⚹♆	G
	15 09	☿∠♇	
	15 21	☽⚹☉	G
	18 13	☽∠♀	b
	20 14	☽⚹♃	G
5 Sa	04 28	☽☌♇	D
	06 10	☽∠☿	b
	13 08	☽☌♂	B
	14 32	☽♑	
	14 46	☽∠♆	b
	17 50	☽∠☉	b
	21 05	☽⊻♀	g
	23 42	☽⚹♅	G
6 Su	09 33	☽⊻☿	g
	14 57	☽⊻♆	g
	18 32	♂♑	
	19 38	☽⊻☉	g
	20 45	☽□♃	B
	23 45	☽∠♅	b
7 Mo	01 15	♂∠♆	
	01 47	☽☍♄	B
	04 47	☽⊻♇	g
	05 28	♀⊻♅	
	09 05	☉∥♇	
	12 03	☉△♃	
	14 26	☽♒	
	15 25	☽⊻♂	g
	22 00	♂Q♃	
	22 53	☽∥♂	B
	23 33	☽⊻♅	g
8 Tu	01 06	☽☌♀	G
	04 31	☽∠♇	b
	07 35	♀⊥♂	
	09 56	☽#♄	B
	10 10	☿☌♆	
	14 32	☽☌♆	D
	15 04	☽☌☿	G
	16 15	☽∠♂	b
	20 07	☽△♃	G
	22 11	☽∥♀	G
	22 28	☽☌☉	D
9 We	03 32	☽∥☿	G
	04 19	☽⚹♇	G
	07 49	☿∠♂	
	09 56	☽∥♆	D
	13 59	☽♓	
	14 26	☽∥♇	D
	17 20	☽⚹♂	G
	17 22	☽∥☉	G
	19 23	♀∠♇	
	20 03	☽⊡♃	b
	23 27	☽☌♅	B
10 Th	00 57	☽⊡♄	b
	05 17	☽⊻♀	g

Date	Time	Aspect	
	10 11	☽∥♅	B
	10 11	☉⚻♄	
	10 43	☿△♃	
	14 52	☽⚺♆	g
	21 51	☽⚺☿	g
11 Fr	00 51	☽∥♃	G
	01 27	☽△♄	G
	02 41	☽⚺☉	g
	05 13	☽□♇	B
	08 25	☽∠♀	b
	15 21	☽♈	
	15 59	☽∠♆	b
	21 32	☽□♂	B
	23 26	☿∥♆	
12 Sa	01 37	☽⚺♅	g
	02 34	☿⚻♄	
	02 48	☽∠☿	b
	06 10	☽∠☉	b
	09 43	♅Q♇	
	12 41	☽✱♀	G
	15 31	☉✱♇	
	18 02	☽✱♆	G
	20 27	☽#♃	G
	23 49	☽☍♃	B
13 Su	04 05	☽∠♅	b
	05 03	☽□♄	B
	09 16	☽✱☿	G
	09 27	☽△♇	G
	10 38	☿✱♇	
	10 53	☽✱☉	G
	12 11	☽#♅	B
	18 48	☿∥♇	
	20 18	☽♉	
14 Mo	01 04	☽#☉	G
	06 04	☽△♂	G
	07 37	☽✱♅	G
	09 01	☽#☿	G
	10 45	☽#♇	D
	10 50	☉☌☿	
	13 07	☽⚼♇	b
	15 45	☽#♆	D
	20 18	☽#♀	G
15 Tu	00 47	♀☌♆	
	01 17	☽□♆	B
	01 20	☽□♀	B
	08 23	☿±♄	
	12 10	☽⚼♂	b
	12 31	♂✱♅	
	12 42	☽✱♄	G
	21 13	☽∥♄	B
16 We	00 16	☽□☉	B
	00 25	☉±♄	
	03 07	☽□☿	B
	05 18	☽♊	
	09 48	☽#♂	B
	12 15	☽⚼♃	b
	17 38	☽□♅	B
	17 46	☿♓	
	17 53	☽∠♄	b
17 Th	10 10	♀△♃	
	12 12	☽△♆	G
	14 25	♀∥♆	
	17 59	☽△♃	G
	18 56	☽△♀	G
	19 59	♄⚼♅	
	23 42	☽⚺♄	g
18 Fr	05 23	☽☍♇	B
	13 32	☉♓	
	14 33	☿⚼♃	

Date	Time	Aspect	
	17 13	☽♋	
	17 33	☽△☉	G
	18 30	☽⚼♆	b
19 Sa	01 56	☽△☿	G
	04 46	☽⚼♀	b
	06 11	☽△♅	G
	11 27	☽☍♂	B
	14 45	♀⚻♄	
	17 41	☉∥☿	
20 Su	02 02	☿Q♇	
	02 23	☿⚼♄	
	02 45	☽⚼☉	b
	05 44	☿☌♅	
	06 21	☽□♃	B
	09 35	♀∥♇	
	10 52	♂⊥♆	
	12 06	☽☌♄	B
	12 43	☽⚼♅	b
	13 58	☽⚼☿	b
21 Mo	05 54	☽☊	
	08 25	☿∥♅	
	18 38	☽#♂	B
	19 00	☉⚼♃	
22 Tu	00 00	♀✱♇	
	00 25	☽⚼♇	b
	05 52	☽∥♄	B
	13 33	☽☍♆	B
	18 21	☽✱♃	G
	21 24	☿✱♂	
23 We	00 03	☽⚺♄	g
	06 21	☽△♇	G
	06 36	☿±♃	
	07 50	☉∥♅	
	09 47	☽☍♀	B
	11 32	☽⚼♂	b
	13 28	☽#♆	D
	17 44	☽♍	
	18 20	☽#♇	D
	23 51	☽∠♃	b
24 Th	01 13	☽#♀	G
	04 54	☽☍☉	B
	05 32	☽∠♄	b
	05 33	♀±♄	
	06 53	☽☍♅	B
	12 18	☉⚼♄	
	18 46	☉Q♇	
	18 46	☽△♂	G
	19 21	☽#♅	B
	21 44	☽#☉	G
	23 02	♀∠♂	
	23 50	☽☍☿	B
25 Fr	04 57	☽⚺♃	g
	06 00	☿⚺♆	
	06 33	☉☌♅	
	09 18	☽#☿	G
	10 35	☽✱♄	G
	12 33	☽#♃	G
	17 00	☽□♇	B
26 Sa	03 59	☽♎	
	05 43	☽⚼♆	b
	07 40	☿∥♃	
	08 28	☿⚻♃	
	15 07	♀♓	
27 Su	06 43	☽∥☿	G
	07 39	☽□♂	B
	09 57	☽∥♃	G
	10 12	☽△♆	G
	10 17	☽⚼♀	b
	13 46	☽☌♃	G

Date	Time	Aspect	
	19 22	☽□♄	B
	19 58	☽∥☉	G
	21 20	☽⚼♅	b
	21 51	☿△♄	
28 Mo	01 49	☽✱♇	G
	02 20	☽⚼☉	b
	02 26	☽∥♅	B
	11 44	☽∥♀	G
	12 21	☽♏	
	12 47	☿⊥♆	
	17 08	☽△♀	G
	20 02	♀⚼♃	

MARCH

Date	Time	Aspect	
1 Tu	01 08	☽△♅	G
	02 03	☽∥♇	D
	03 11	☽⚼☿	b
	05 26	☽∠♇	b
	06 17	☽∥♆	D
	07 22	♂⚺♆	
	08 11	☽△☉	G
	17 35	☽□♆	B
	18 08	☽✱♂	G
	19 39	☿□♇	
	20 32	☽⚺♃	g
2 We	02 04	☽△♄	G
	03 29	☉±♃	
	08 28	☽⚺♇	g
	10 25	☽△☿	G
	11 13	☽#♄	B
	17 21	☽∥♂	B
	18 29	☽♐	
	22 20	☽∠♂	b
	23 02	☽∠♃	b
3 Th	04 29	☽□♀	B
	04 33	☽⚼♄	b
	05 04	♀⚼♄	
	06 57	☽□♅	B
	10 15	♂□♃	
	17 23	♀Q♇	
	17 36	☽□☉	B
	22 33	☽✱♆	G
4 Fr	00 55	☽✱♃	G
	01 48	☽⚺♂	g
	08 44	♀☌♅	
	12 41	☽☌♇	D
	21 45	☽□☿	B
	22 12	☽♑	
5 Sa	00 08	☽∠♆	b
	01 34	☿♈	
	10 18	☽✱♅	G
	12 37	☽✱♀	G
	17 37	♀∥♅	
	18 41	☿∠♆	
	19 58	☿Q♂	
6 Su	00 04	☽✱☉	G
	01 10	☽⚺♆	g
	03 00	☽□♃	B
	06 46	☽☌♂	B
	08 29	☽☍♄	B
	11 12	☽∠♅	b
	14 40	☽⚺♇	g
	15 41	☽∠♀	b
	16 40	☉⚺♆	
	23 49	☽♒	
	23 53	☉∥♃	
7 Mo	02 27	☽∠☉	b
	05 28	☽✱☿	G
	11 46	☽⚺♅	g

Date	Time	Aspect	
	13 34	♀±♃	
	15 08	☽∠♇	b
	15 19	☉⚻♃	
	15 49	☽∥♂	B
	16 15	♂☍♄	
	18 22	☽⚺♀	g
	18 59	☽#♄	B
8 Tu	02 14	☽☌♆	D
	03 36	☽△♃	G
	04 35	☽⚺☉	g
	08 31	☽∠☿	b
	10 07	☽⚺♂	g
	15 28	☽✱♇	G
	21 42	☽∥♆	D
9 We	00 32	☽♓	
	01 15	☽∥♇	D
	03 48	☽⚼♃	b
	09 34	☽⚼♄	b
	11 26	☽⚺☿	g
	11 46	☽∠♂	b
	12 42	☽☌♅	B
	22 04	☉#☿	
	22 58	☽∥♅	B
	23 44	☽☌♀	G
10 Th	02 12	☿⚺♅	
	03 16	☽⚺♆	g
	06 20	☽∥♀	G
	08 13	♂∠♅	
	09 10	☽☌☉	D
	10 13	☽△♄	G
	13 47	☽✱♂	G
	14 18	☽∥♃	G
	15 59	☽#☿	G
	16 44	☽□♇	B
	19 03	☽∥☉	G
	23 54	☉△♄	
11 Fr	02 03	☽♈	
	04 20	☽∠♆	b
	07 48	☿#♃	
	14 53	☽⚺♅	g
	17 54	♀⚺♆	
	18 07	☽☌☿	G
	20 59	☽#☉	G
12 Sa	00 18	♀⚻♃	
	03 12	☽#♃	G
	05 26	☽∥☿	G
	06 04	☽✱♆	G
	06 34	☽☍♃	B
	07 15	☽⚺♀	g
	08 01	☽#♀	G
	13 13	☽□♄	B
	16 12	☽⚺☉	g
	17 00	☽∠♅	b
	19 21	☽#♅	B
	19 55	☽□♂	B
	20 13	☽△♇	G
	21 39	☉⊥♆	
	22 02	☿#♀	
13 Su	01 34	♂⚺♇	
	04 58	♂#♄	
	06 05	☽♉	
	12 33	☽∠♀	b
	19 14	☽#♇	D
	20 00	☽✱♅	G
	21 16	☽∠☉	b
	23 02	☽#♆	D
	23 14	☽⚼♇	b
14 Mo	03 23	☽⚺☿	g
	07 46	♃△♆	

Date	Time	Aspect	
	12 09	☽□♆	B
	19 06	☽✱♀	G
	19 36	☽✱♄	G
	23 16	☉□♇	
15 Tu	00 11	♀△♄	
	03 32	☽✱☉	G
	04 30	☽#♂	B
	05 56	☽∥♄	B
	06 10	☽△♂	G
	06 39	♀∥♃	
	09 11	☽∠☿	b
	13 44	☽♊	
	16 15	☽⚼♃	b
16 We	00 12	☽∠♄	b
	04 52	☽□♅	B
	12 56	☽⚼♂	b
	15 36	☽✱☿	G
	16 27	♀⊥♆	
	21 12	☽△♃	G
	21 56	☽△♆	G
17 Th	05 36	☽⚺♄	g
	11 49	☽□♀	B
	13 43	☽☍♇	B
	19 19	☽□☉	B
18 Fr	00 44	☽♋	
	03 54	☽⚼♆	b
	06 14	♀□♇	
	13 59	☿⊥♅	
	16 45	☽△♅	G
19 Sa	05 03	☽□☿	B
	08 45	☽□♃	B
	17 53	☽☌♄	B
	22 02	☉✱♂	
	23 13	☽⚼♅	b
20 Su	00 15	☿ Stat	
	07 18	☽△♀	G
	12 33	☉♈	
	12 59	☽☍♂	B
	13 17	☽☊	
	13 21	☽△☉	G
	15 27	☿⊥♅	
	18 02	♂♒	
21 Mo	08 26	☽⚼♇	b
	10 51	♂⊥♇	
	12 58	☽∥♄	B
	17 00	☽⚼♀	b
	17 15	☽△☿	G
	19 54	☽#♂	B
	20 36	☽✱♃	G
	22 13	☽⚼☉	b
	22 48	☽☍♆	B
22 Tu	02 54	♄ Stat	
	05 37	☉∠♆	
	06 11	☽⚺♄	g
	14 20	☽△♇	G
	16 25	♀♈	
	21 42	☿Q♂	
	22 19	☽⚼☿	b
	22 31	☽#♆	D
23 We	01 10	☽♍	
	02 02	☽∠♃	b
	02 21	☽#♇	D
	04 12	☉#♀	
	11 45	☽∠♄	b
	17 17	☽☍♅	B
	20 42	♂⊥♅	
24 Th	02 12	♀∠♆	
	05 13	☽#♅	B
	06 56	☽⚺♃	g

Date	Time	Aspect	
	08 51	☽∥☿	G
	11 34	☽⚼♂	b
	16 45	☽✱♄	G
25 Fr	00 23	☽#♃	G
	00 36	☽□♇	B
	08 41	♀✱♂	
	10 42	☽∥☉	G
	11 00	☽♎	
	14 23	☽⚼♆	b
	17 27	☽∥♀	G
	17 47	☽△♂	G
	18 12	☽☍♀	B
	19 29	☽#♀	G
	20 58	☽☍☉	B
26 Sa	03 03	☽#☉	G
	08 50	☽☍☿	B
	11 51	☽∥♃	G
	15 01	☽●♃	G
	18 23	☽△♆	G
	23 53	☽#☿	G
27 Su	01 00	☽□♄	B
	02 28	♇ Stat	
	06 15	☽∥♅	B
	06 31	☽⚼♅	b
	08 30	☽✱♇	G
	18 29	☽♏	
28 Mo	04 11	☽□♂	B
	07 18	☽∥♇	D
	09 47	☽△♅	G
	10 39	☽∥♆	D
	11 38	☽∠♇	b
	20 55	☽⊻♃	g
29 Tu	00 48	☽□♆	B
	03 02	☉⊻♅	
	04 48	☽∥♂	B
	07 06	☽△♄	G
	12 31	☽⚼♀	b
	13 18	☽⚼☉	b
	13 23	♀⊻♅	
	13 40	☽⚼☿	b
	14 18	☽⊻♇	g
	16 11	☉☌☿	
	16 38	☽#♄	B
	20 29	☿☌♀	
	23 11	☽∠♃	b
	23 52	♃±♅	
	23 56	☽♐	
30 We	05 55	☿⊻♅	
	09 29	☽⚼♄	b
	12 16	☽✱♂	G
	14 24	☽△☿	G
	14 57	☽□♅	B
	17 22	☽△♀	G
	17 34	☽△☉	G
31 Th	01 04	☽✱♃	G
	03 30	☉☌♀	
	05 24	☽✱♆	G
	06 23	☉#♃	
	08 06	☿✱♂	
	15 37	☽∠♂	b
	18 24	☽☌♇	D

APRIL

Date	Time	Aspect	
1 Fr	03 48	☽♑	
	07 10	☽∠♆	b
	15 01	☽□☿	B
	16 41	☉∥☿	
	18 36	☽⊻♂	g
	18 37	☽✱♅	G
	18 58	♂⊻♅	
2 Sa	00 50	☽□☉	B
	01 44	☽□♀	B
	03 51	☽□♃	B
	08 38	☽⊻♆	g
	10 17	♀#♃	
	14 34	☽☍♄	B
	16 33	☿∥♀	
	20 02	☽∠♅	b
	21 13	♂∠♇	
	21 17	☽⊻♇	g
	23 43	☿#♃	
	23 52	♀☍♃	
3 Su	06 31	☽♒	
	14 16	♀⊥♅	
	14 59	☽✱☿	G
	15 30	☉☍♃	
	21 17	☽⊻♅	g
	22 26	☽∠♇	b
	23 47	☽☌♂	B
4 Mo	02 26	☽#♄	B
	05 48	☽△♃	G
	06 59	☽✱☉	G
	08 55	☽✱♀	G
	11 04	☽☌♆	D
	12 49	☉⊥♅	
	14 56	☽∠☿	b
	18 57	☽∥♂	B
	23 32	☽✱♇	G
5 Tu	06 41	☽⚼♃	b
	07 01	☽∥♆	D
	08 45	☽♓	
	09 57	☽∠☉	b
	10 00	☽∥♇	D
	10 11	♀✱♆	
	12 25	☽∠♀	b
	15 02	☽⊻☿	g
	18 08	☽⚼♄	b
	23 44	☽☌♅	B
6 We	04 46	☽⊻♂	g
	09 56	☽∥♅	B
	13 04	☽⊻☉	g
	13 31	☽⊻♆	g
	16 06	☽⊻♀	g
	18 04	☽#☉	G
	19 29	☽△♄	G
	19 35	☽#♀	G
	19 49	☉✱♆	
7 Th	02 03	☽□♇	B
	04 18	☽∥♃	G
	07 34	☽∠♂	b
	11 21	☽#☿	G
	11 28	☽♈	
	15 06	☽∠♆	b
	16 07	☽☌☿	G
8 Fr	00 19	☽∥☿	G
	02 59	☽⊻♅	g
	05 31	♂△♃	
	07 45	♀□♄	
	08 03	☽#♃	G
	10 30	☽☍♃	B
	10 49	☽✱♂	G
	17 07	☽✱♆	G
	20 32	☽●●	D
	20 58	☽∥♀	G
	21 47	☽∥☉	G
	23 19	☽□♄	B
9 Sa	00 50	☽●♀	G
	02 59	☽#♅	B
	05 17	☽∠♅	b
	06 00	☽△♇	G
	07 01	☿∠♆	
	15 50	☽♉	
	19 27	☽⊻☿	g
10 Su	04 25	☽#♇	D
	07 33	☽#♆	D
	08 15	☽✱♅	G
	08 52	☽⚼♇	b
	12 36	☉□♄	
	15 24	☽#♂	B
	17 03	☉∥♀	
	19 27	☽□♂	B
	22 21	☽∠☿	b
	23 01	☽□♆	B
11 Mo	03 25	♀∠♅	
	05 37	☽✱♄	G
	06 58	☽⊻☉	g
	09 05	♀△♇	
	12 51	☽⊻♀	g
	14 51	☽∥♄	B
	19 00	☽⚼♃	b
	22 55	☽♊	
12 Tu	01 10	♀#♅	
	02 13	☽✱☿	G
	07 46	☿ Stat	
	09 56	☽∠♄	b
	10 31	☉#♅	
	13 38	☽∠☉	b
	16 29	☽□♅	B
	20 25	☽∠♀	b
	21 12	☿∠♂	
	23 20	☽△♃	G
13 We	07 39	☽△♂	G
	07 58	☽△♆	G
	13 11	♂☌♆	
	15 02	☽⊻♄	g
	21 17	☽✱☉	G
	22 03	☽☍♇	B
14 Th	03 39	☉∠♅	
	05 01	☽✱♀	G
	06 51	☉△♇	
	09 03	☽♋	
	12 56	☽□☿	B
	13 33	☽⚼♆	b
	15 04	☽⚼♂	b
15 Fr	03 40	☽△♅	G
	06 35	♀Q♆	
	09 58	☽□♃	B
	20 37	♀♉	
	21 10	☿∠♆	
	23 14	♃Q♇	
16 Sa	03 02	☽☌♄	B
	09 58	☽⚼♅	b
	14 37	☽□☉	B
	21 17	☽♌	
17 Su	00 09	☽□♀	B
	02 46	☽△☿	G
	15 49	♀Q♂	
	16 15	☽⚼♇	b
	21 40	☽∥♄	B
	21 51	☽✱♃	G
18 Mo	08 12	☽☍♆	B
	10 08	☽⚼☿	b
	14 06	☿⊻♀	
	15 26	☽☍♂	B
	15 43	☽⊻♄	g
	20 23	♂∇♄	
	22 17	☽△♇	G
19 Tu	02 11	♂∥♆	
	03 34	☽∠♃	b
	07 34	☉Q♆	
	07 49	☽#♆	D
	08 04	☽#♂	B
	08 13	☽△☉	G
	09 27	☽♍	
	11 08	☽#♇	D
	19 03	☽△♀	G
	21 33	☽∠♄	b
	23 15	☽∥♀	G
	23 37	☉♉	
20 We	03 24	☽∥☉	G
	04 14	☽☍♅	B
	08 46	☽⊻♃	g
	15 46	☽#♅	B
	16 06	☽⚼☉	b
21 Th	02 45	☽✱♄	G
	03 22	☽⚼♀	b
	08 45	☽□♇	B
	14 14	☽#♃	G
	19 27	☽♎	
	23 56	☽⚼♆	b
22 Fr	02 13	☽∥☿	G
	03 32	☽#☿	G
	05 33	♂∥♇	
	06 04	☽☍☿	B
	11 46	☽⚼♂	b
	15 09	☽∥♃	G
	17 06	☽●♃	G
23 Sa	03 43	☽△♆	G
	07 10	♂✱♇	
	09 34	♀⚼♇	
	09 49	♀Q♄	
	10 51	☽□♄	B
	12 33	☽∥♅	B
	16 14	☽✱♇	G
	16 46	☽△♂	G
	16 52	♀✱♅	
	16 55	☽⚼♅	b
24 Su	02 25	☽♏	
	05 44	☽#☉	G
	10 06	☽☍☉	B
	12 00	☽#♀	G
	12 32	☽∥♂	B
	14 43	☽∥♇	D
	16 56	♀#♂	
	17 37	☽∥♆	D
	18 53	☽∠♇	b
	19 39	☽△♅	G
	22 14	☽☍♀	B
	22 31	☽⊻♃	g
25 Mo	01 08	♀∇♃	
	09 06	☽□♆	B
	16 05	☽△♄	G
	19 53	☽⚼☿	b
	20 57	☽⊻♇	g
	22 59	☽#♄	B
	23 09	♂⚼♃	
26 Tu	00 20	☽∠♃	b
	00 24	☽□♂	B
	00 59	♀#♇	
	06 46	☽♐	
	17 55	☽⚼♄	b
	23 26	☽△☿	G
	23 30	☽□♅	B
27 We	00 29	☿⊻♅	
	01 44	☽✱♃	G
	07 06	☉#♂	
	12 26	☽✱♆	G
	16 42	♀#♆	
	19 29	♂±♄	
	21 16	☽⚼☉	b
	23 53	☽☌♇	D
28 Th	04 37	☿☍♃	
	06 02	☽✱♂	G
	09 33	☽♑	
	10 27	☽⚼♀	b
	13 42	☽∠♆	b
29 Fr	00 18	☽△☉	G
	02 09	☽✱♅	G
	03 52	☽□♃	B
	05 56	☽□☿	B
	08 34	☽∠♂	b
	11 06	☉⚼♇	
	12 42	♀±♃	
	13 59	☽△♀	G
	14 53	☽⊻♆	g
	22 00	☽☍♄	B
	23 42	☉Q♄	
30 Sa	00 33	♀□♆	
	02 11	☽⊻♇	g
	03 23	☽∠♅	b
	04 35	☉✱♅	
	11 05	☽⊻♂	g
	11 54	☽♒	
	14 28	♀±♇	
	20 28	☿#♃	
	23 06	☉#♇	

MAY

Date	Time	Aspect	
1 Su	00 25	☉∇♃	
	02 58	♂♓	
	03 24	☽∠♇	b
	04 42	☽⊻♅	g
	05 57	☽△♃	G
	06 24	☽□☉	B
	08 42	☽#♄	B
	12 50	☽✱☿	G
	17 27	☽☌♆	D
	21 20	☽□♀	B
2 Mo	04 47	☽✱♇	G
	05 50	☽#♀	G
	07 14	☽⚼♃	b
	13 07	☿⊥♅	
	13 24	☽∥♆	D
	13 50	☿∠♂	
	14 09	☽#☉	G
	14 43	☽♓	
	16 12	☽∥♇	D
	16 40	☽☌♂	B
	16 46	☽∠☿	b
3 Tu	02 25	☽∥♂	B
	02 37	☽⚼♄	b
	04 22	☉#♆	
	07 56	☽☌♅	B
	13 23	☽✱☉	G
	16 11	♀✱♄	
	17 22	♀Q♅	
	17 55	☿✱♆	
	17 56	☽∥♅	B
	20 52	☽⊻♆	g
	21 10	☽⊻☿	g
4 We	04 41	☽△♄	G
	05 50	☽✱♀	G
	08 22	☽□♇	B
	09 01	☽#☿	G
	15 31	☽∥♃	G

	17 26	☽∠☉	b
	18 36	☽♈	
	23 03	☽∠♆	b
	23 30	☽⚺♂	g
5 Th	09 40	♀⚻♇	
	10 45	☽∠♀	b
	11 23	☽#♃	G
	12 25	☽⚺♅	g
	12 47	☽☍♃	B
	20 29	☉Q♂	
	20 59	☽∥☿	G
	21 57	☽⚺☉	g
6 Fr	01 38	☽⚹♆	G
	03 35	☽∠♂	b
	07 40	♀⚼♃	
	07 45	☽☌☿	G
	09 25	☽#♅	B
	09 57	☽□♄	B
	13 22	☽△♇	G
	15 15	☽∠♅	b
	16 09	☉±♃	
	16 14	☽⚺♀	g
	21 51	☽#♂	B
	22 07	♂±♃	
7 Sa	00 01	☽♉	
	05 55	☿□♄	
	07 37	♃⚻♅	
	08 12	☽⚹♂	G
	12 30	☽#♇	D
	15 29	☽#♆	D
	16 34	☽⚼♇	b
	18 35	☽⚹♅	G
	21 41	☽∥☉	G
8 Su	01 26	☉□♆	
	08 13	☽□♆	B
	08 45	☽☌☉	D
	10 08	☽∥♀	G
	12 01	☿△♇	
	13 47	☉±♇	
	17 10	☽⚹♄	G
	21 24	☽⚺☿	g
	22 09	☽⚼♃	b
	22 16	☽∥♄	B
9 Mo	05 15	☽☌♀	G
	06 56	☿∠♅	
	07 29	☽♊	
	11 17	♂Q♇	
	19 24	☽□♂	B
	21 39	☽∠♄	b
10 Tu	02 23	☽△♃	G
	02 58	☽□♅	B
	04 14	♀♊	
	05 39	☽∠☿	b
	17 05	☽△♆	G
	22 27	☽⚺☉	g
11 We	02 47	☽⚺♄	g
	05 35	☽☍♇	B
	09 16	☿#♅	
	14 58	☽⚹☿	G
	15 20	♂⚼♄	
	17 20	☽♋	
	21 30	☽⚺♀	g
	22 26	☽⚼♆	b
12 Th	02 59	☿Q♆	
	06 27	☽∠☉	b
	09 13	☿♉	
	09 28	☽△♂	G
	12 41	☽□♃	B
	13 46	☽△♅	G

	23 42	☉Q♅	
13 Fr	06 46	☽∠♀	b
	10 29	☉⚹♄	
	14 43	☽☌♄	B
	15 04	☽⚹☉	G
	16 08	☿#♂	
	17 25	☽⚼♂	b
	19 54	☽⚼♅	b
14 Sa	05 17	☽☊	
	10 55	♂⚻♃	
	12 18	☽□☿	B
	15 41	☉⚻♇	
	16 29	☽⚹♀	G
	23 20	☽⚼♇	b
15 Su	00 42	☽⚹♃	G
	06 53	☽∥♄	B
	07 53	☉⚼♃	
	07 53	☽∥♀	G
	11 53	♂☌♅	
	16 51	☽☍♆	B
	22 23	☽∥☉	G
	22 32	♀∥♄	
16 Mo	03 44	☽⚺♄	g
	05 33	☽△♇	G
	06 48	☽∠♃	b
	08 57	☽□☉	B
	16 03	☽#♆	D
	17 22	♀∠♄	
	17 46	☽♍	
	19 21	☽#♇	D
17 Tu	08 04	☽∥☿	G
	09 55	☽∠♄	b
	10 43	☽△☿	G
	11 39	☽□♀	B
	12 35	☽⚺♃	g
	14 31	☽☍♅	B
	15 28	☿⚼♇	
	17 36	☽☍♂	B
	20 34	♀△♃	
	23 04	☿⚻♃	
	23 48	☽#♂	B
18 We	01 30	☽#♅	B
	04 47	☿⚺♀	
	12 47	☿⚹♅	
	15 29	☽⚹♄	G
	16 36	♀□♅	
	16 42	☽□♇	B
	21 00	☽⚼☿	b
	23 14	☿Q♄	
19 Th	01 00	☽△☉	G
	02 22	☽#♃	G
	04 30	☽♎	
	09 27	☽⚼♆	b
	13 08	♂∥♅	
	20 58	☽∥♃	G
	22 06	☽●♃	G
	23 38	♆Stat	
20 Fr	03 32	☽△♀	G
	07 30	☽⚼☉	b
	10 02	☿⚹♂	
	13 25	☽△♆	G
	19 20	☽∥♂	B
	20 36	☽∥♅	B
	22 47	☉♊	
21 Sa	00 02	☽□♄	B
	00 40	☽⚹♇	G
	03 12	☿±♃	
	03 47	☽⚼♅	b
	06 03	☿#♇	

	09 39	☽⚼♀	b
	11 15	☽⚼♂	b
	11 49	☽♏	
	23 46	☽∥♇	D
22 Su	02 15	☽#☿	G
	02 41	☽∥♆	D
	03 17	☽∠♇	b
	04 05	☽⚺♃	g
	05 40	☿#♆	
	06 22	☽△♅	G
	08 20	☿□♆	
	10 16	☿±♇	
	14 59	☽△♂	G
	18 35	☽□♆	B
	20 14	☽☍☿	B
23 Mo	01 12	☽#☉	G
	01 21	♀□♂	
	04 54	☽△♄	G
	05 04	☽⚺♇	g
	05 49	☽∠♃	b
	06 21	☽#♄	B
	15 38	☽♐	
	15 43	☽#♀	G
	20 18	☽☍☉	B
	22 47	♄⚻♇	
24 Tu	06 15	☽⚼♄	b
	06 54	☽⚹♃	G
	09 16	☽□♅	B
	12 11	♀△♆	
	15 58	♀⊥♄	
	20 02	☽□♂	B
	20 47	☿Q♅	
	20 52	☽⚹♆	G
	21 40	☽☍♀	B
25 We	06 52	☽☌♇	D
	09 50	☿⚻♇	
	12 02	☿⚹♄	
	13 00	♂⚺♆	
	14 44	☿⚼♃	
	17 11	☽♑	
	21 25	☽∠♆	b
26 Th	07 59	☽□♃	B
	10 28	☽⚹♅	G
	10 49	☽⚼☿	b
	21 51	☽⚺♆	g
	23 32	☽⚹♂	G
27 Fr	03 20	☽⚼☉	b
	07 44	☽⚺♇	g
	08 25	☽☍♄	B
	10 59	☽∠♅	b
	15 22	☽△☿	G
	18 10	☽♒	
28 Sa	01 23	☽∠♂	b
	02 24	☽#♀	G
	05 41	☽△☉	G
	05 59	☽⚼♀	b
	07 00	☉∥♄	
	08 21	☽∠♇	b
	09 02	☽△♃	G
	10 44	☿♊	
	11 43	☽⚺♅	g
	15 25	☽#☉	G
	15 44	☽#♄	B
	22 34	☽#☿	G
	23 15	☽☌♆	D
29 Su	03 35	☽⚺♂	g
	09 18	☽△♀	G
	09 19	☽⚹♇	G
	09 31	♀☍♇	

	10 01	☽⚼♃	b
	14 54	☿Q♂	
	18 21	☽∥♆	D
	20 09	☽♓	
	21 16	☽∥♇	D
30 Mo	00 03	♀⚺♄	
	02 07	☽□☿	B
	07 23	☉△♃	
	11 47	☽□☉	B
	12 10	☽⚼♄	b
	14 23	☽☌♅	B
	17 54	☉∠♄	
	23 40	☽∥♅	B
31 Tu	02 19	☽⚺♆	g
	05 14	☿∥♄	
	09 38	☽●♂	B
	11 17	☽∥♂	B
	12 44	☽□♇	B
	14 25	☽△♄	G
	17 53	☽□♀	B
	22 20	☽∥♃	G

JUNE

1 We	00 08	☽♈	
	01 58	☉□♅	
	04 40	☽∠♆	b
	11 04	☉∥☿	
	14 11	☿△♃	
	15 03	☽#♃	G
	16 04	☽☍♃	B
	16 26	☽⚹☿	G
	19 12	☽⚺♅	g
	20 31	☽⚹☉	G
	21 37	☿∠♄	
2 Th	00 45	☽#♂	B
	07 35	☽⚹♆	G
	09 18	☿□♅	
	14 22	☽#♅	B
	18 18	☽⚺♂	g
	18 21	☽△♇	G
	19 27	♂□♇	
	20 39	☽□♄	B
	22 05	♂⊥♆	
	22 26	☽∠♅	b
3 Fr	01 05	☽∠☿	b
	01 55	☽∠☉	b
	05 24	☽⚹♀	G
	06 20	☽♉	
	09 12	☉☌☿	
	15 18	♀♋	
	18 38	☽#♇	D
	21 52	☽#♆	D
	21 58	☽⚼♇	b
	23 34	☽∠♂	b
4 Sa	02 12	☽⚹♅	G
	07 58	☽⚺☉	g
	10 38	☽⚺☿	g
	12 13	☽∠♀	b
	14 59	☽□♆	B
	21 42	♂△♄	
5 Su	02 47	☽∥♄	B
	03 03	☽⚼♃	b
	05 03	☽⚹♄	G
	05 25	☽⚹♂	G
	07 22	♃Stat	
	10 15	☽∥☉	G
	11 48	☿△♆	
	14 36	☽♊	
	16 57	♀⚼♆	

	19 38	☽∥☿	G
	19 42	☽⚺♀	g
	22 50	☽∥♀	G
6 Mo	04 56	☿⊥♄	
	07 43	☽△♃	G
	10 00	☽∠♄	b
	11 12	☽□♅	B
	21 55	☽☌☉	D
7 Tu	00 20	☽△♆	G
	05 29	☿∥♀	
	08 15	☽☌☿	G
	11 43	☽☍♇	B
	15 27	☽⚺♄	g
	18 50	☽□♂	B
8 We	00 46	☽♋	
	03 43	☿☍♇	
	04 52	☉△♆	
	05 43	☽⚼♆	b
	12 34	☽☌♀	G
	18 29	☽□♃	B
	22 03	☽△♅	G
9 Th	02 59	☿⚺♄	
	14 12	☽⚺☉	g
10 Fr	03 40	☽☌♄	B
	04 06	☽⚼♅	b
	08 20	☉⊥♄	
	08 44	☽⚺☿	g
	10 18	☽△♂	G
	12 29	☽∥☿	G
	12 39	☽☊	
	18 45	☽∥♀	G
	21 18	☿□♂	
	23 03	☽∠☉	b
	23 38	♀□♃	
11 Sa	03 48	☽∥☉	G
	05 21	☽⚼♇	b
	06 49	☽⚹♃	G
	07 03	☿♋	
	07 38	☽⚺♀	g
	10 06	♂∥♃	
	16 06	☽∥♄	B
	18 32	☽⚼♂	b
	21 33	☽∠☿	b
12 Su	00 00	☽☍♆	B
	02 30	♂♈	
	03 24	♄⚼♅	
	08 06	☽⚹☉	G
	10 41	♀△♅	
	11 38	☿⚼♆	
	11 40	☽△♇	G
	13 15	☽∠♃	b
	16 56	☽⚺♄	g
	17 30	☽∠♀	b
	22 29	☽#♆	D
13 Mo	00 16	♀±♆	
	01 22	☽♍	
	02 10	☽#♇	D
	10 10	☽⚹☿	G
	19 33	☽⚺♃	g
	23 00	☽☍♅	B
	23 25	☽∠♄	b
14 Tu	03 06	☽⚹♀	G
	03 15	☉☍♇	
	09 08	☽#♅	B
	22 36	♅Stat	
	23 36	☽□♇	B
15 We	01 22	☽□☉	B
	05 24	☽⚹♄	G
	10 06	☽#♃	G

Day	Time	Aspect	
	12 59	☽♎	
	14 09	♂∠♆	
	14 52	☽#♂	B
	17 40	☽⚼♆	b
	17 53	☽☍♂	B
	19 42	☿□♃	
16	00 02	☽∥♂	B
Th	05 10	☽∥♃	G
	06 31	☽•♃	G
	08 26	☽□☿	B
	16 36	☿△♅	
	19 45	☽□♀	B
	22 11	☽△♆	G
17	00 39	☿±♆	
Fr	04 58	☽∥♅	B
	08 46	☽⚹♇	G
	11 47	☉⚺♄	
	13 40	☽⚼♅	b
	14 50	☽□♄	B
	15 03	☽△☉	G
	21 04	♀⚻♆	
	21 24	☽♏	
18	08 59	☽∥♇	D
Sa	11 51	☽∠♇	b
	12 19	☽∥♆	D
	13 52	☽⚺♃	g
	16 37	☽△♅	G
	19 58	☽⚼☉	b
19	00 10	☽△☿	G
Su	04 11	☽□♆	B
	07 12	☽△♀	G
	08 46	☽⚼♂	b
	10 24	☉∥♀	
	13 23	☽#♄	B
	13 56	☽⚺♇	g
	15 59	☽∠♃	b
	20 06	☽△♄	G
20	01 45	☽♐	
Mo	01 56	☽#♀	G
	02 34	☽#☉	G
	05 31	☽⚼☿	b
	06 58	☿⚻♆	
	07 45	☽#☿	G
	11 00	☽⚼♀	b
	11 25	☽△♂	G
	17 13	☽⚹♃	G
	19 38	☽□♅	B
	21 21	☽⚼♄	b
21	06 25	☽⚹♆	G
Tu	06 46	☉♋	
	15 34	☽☌♇	D
22	02 52	☽♑	
We	04 14	☽☍☉	B
	06 35	☽∠♆	b
	10 55	♀⚻♇	
	14 25	☽□♂	B
	17 50	☽□♃	B
	20 00	☽⚹♅	G
23	04 23	☉∥☿	
Th	06 26	☽⚺♆	g
	13 55	☿⚻♇	
	15 22	☽⚺♇	g
	15 32	☽☍☿	B
	16 31	☉⚼♆	
	17 54	☽☍♀	B
	19 49	☽∠♅	b
	22 04	☽☍♄	B
24	02 36	☽♒	
Fr	12 25	☽#☉	G

Day	Time	Aspect	
	15 04	☽#☿	G
	15 13	☽∠♇	b
	16 24	☽⚹♂	G
	17 30	♀⚼♅	
	17 33	☽#♀	G
	17 45	☽△♃	G
	19 44	☽⚺♅	g
25	01 21	☽#♄	B
Sa	06 17	☽☌♆	D
	07 50	☿⚼♅	
	08 55	☽⚼☉	b
	15 23	☽⚹♇	G
	17 48	☽∠♂	b
	18 06	☽⚼♃	b
26	00 06	☽∥♆	D
Su	01 03	♂☍♃	
	02 59	♀☌♄	
	03 03	☽♓	
	03 19	☽∥♇	D
	06 03	♀Q♃	
	10 58	☿☌♄	
	11 13	☽△☉	G
	13 04	☿Q♃	
	19 49	☽⚺♂	g
	20 51	☽☌♅	B
	23 55	☽⚼♄	b
27	01 19	☽⚼☿	b
Mo	01 40	☽⚼♀	b
	05 04	☽∥♅	B
	06 53	♀±♇	
	07 52	☽⚺♆	g
	08 41	☿∥♀	
	08 55	☿±♇	
	17 26	☽□♇	B
	17 29	♂⚺♅	
	18 39	☿☌♀	
28	01 47	☽△♄	G
Tu	01 53	☽∥♃	G
	04 00	☽#♂	B
	04 01	☿♌	
	05 51	☽△♀	G
	05 51	☽♈	
	05 53	♀♌	
	06 04	☽△☿	G
	09 43	☽∠♆	b
	14 28	♃Q♄	
	18 23	☽□☉	B
	19 47	☽∥♂	B
	21 25	☽#♃	G
	23 02	☽☍♃	B
29	00 42	☽⚺♅	g
We	02 21	☽☌♂	B
	12 21	☽⚹♆	G
	19 08	☽#♅	B
	20 55	☿∥♄	
	22 29	☽△♇	G
30	03 47	☽∠♅	b
Th	07 57	☽□♄	B
	11 45	☽♉	
	17 19	☽□♀	B
	18 28	☽□☿	B
	19 34	♂#♃	
	23 26	☽#♇	D

JULY

Day	Time	Aspect	
1	02 08	☽⚼♇	b
Fr	03 11	☽#♆	D
	05 24	☽⚹☉	G
	07 36	☽⚹♅	G

Day	Time	Aspect	
	12 27	☽⚺♂	g
	13 04	☿±♅	
	14 52	♀∥♄	
	17 10	☉□♃	
	19 51	☽□♆	B
	23 32	☽∥☿	G
2	01 47	♀±♅	
Sa	03 40	☽∥♀	G
	04 26	☽∥♄	B
	10 40	☉△♅	
	10 50	☽⚼♃	b
	12 10	☽∠☉	b
	17 02	☽⚹♄	G
	18 00	☽∥☉	G
	18 38	☽∠♂	b
	20 26	☽♊	
	22 39	☉±♆	
3	08 25	☽⚹♀	G
Su	10 02	☽⚹☿	G
	16 00	☽△♃	G
	17 02	☽□♅	B
	19 37	☽⚺☉	g
	22 26	☽∠♄	b
	22 38	☿⚼♇	
4	01 24	☽⚹♂	G
Mo	05 40	☽△♆	G
	13 14	♀⚼♇	
	16 36	☽☍♇	B
	16 59	☽∠♀	b
	18 34	☽∠☿	b
5	04 15	☽⚺♄	g
Tu	07 07	☽♋	
	11 13	☽⚼♆	b
	18 24	♄±♇	
6	02 03	☽⚺♀	g
We	03 26	☽⚺☿	g
	03 38	☽□♃	B
	04 11	☽△♅	G
	05 52	☿⚹♃	
	11 43	☿⚻♅	
	12 02	☽☌☉	D
	14 31	♂⊥♅	
	16 17	☽□♂	B
	18 52	♀⚹♃	
	23 03	♀⚻♅	
7	06 59	♂⚹♆	
Th	10 15	☽⚼♅	b
	16 54	☽☌♄	B
	19 11	☽♌	
8	10 28	☽⚼♇	b
Fr	13 58	☽∥☉	G
	16 29	☽⚹♃	G
	18 21	♃⚻♅	
	20 37	♃Q♇	
	21 18	☽☌♀	G
	21 36	☽☌☿	G
9	01 28	☽∥♄	B
Sa	02 17	☉⚻♆	
	05 34	☽☍♆	B
	05 51	☽⚺☉	g
	08 21	☽△♂	G
	09 43	☿☌♀	
	14 50	☽∥♀	G
	16 49	☽△♇	G
	23 09	☽∠♃	b
10	02 01	☽∥☿	G
Su	03 20	☽#♆	D
	06 20	☽⚺♄	g
	07 38	☽#♇	D

Day	Time	Aspect	
	07 57	☽♍	
	14 56	☽∠☉	b
	15 33	☿#♆	
	16 30	☽⚼♂	b
11	05 10	☽☍♅	B
Mo	05 45	☽⚺♃	g
	12 57	☽∠♄	b
	14 28	☽#♅	B
	15 14	☽⚺☿	g
	16 53	☽⚺♀	g
	23 46	☽⚹☉	G
12	03 15	☽∥♂	B
Tu	04 46	♀☍♆	
	05 12	☽□♇	B
	12 51	☽#♃	G
	14 05	☿#♇	
	19 12	☽⚹♄	G
	20 09	☽♎	
	23 00	☉□♂	
	23 10	☽∠☿	b
	23 54	☽⚼♆	b
13	02 03	☽∠♀	b
We	11 12	☿☍♆	
	15 12	☽∥♃	G
	17 46	☽•♃	G
14	02 10	☽#♂	B
Th	05 01	☽△♆	G
	06 05	☽⚹☿	G
	10 16	☽⚹♀	G
	12 37	☽∥♅	B
	14 15	☽☍♂	B
	15 20	☽□☉	B
	15 36	☽⚹♇	G
	18 55	☉⚻♇	
	21 16	☽⚼♅	b
15	05 32	☽□♄	B
Fr	05 51	☽♏	
	11 40	☽#☿	G
	16 37	♂△♇	
	17 00	☽∥♇	D
	19 29	☽∠♇	b
	20 59	☽∥♆	D
	21 01	☽#♀	G
	21 29	♀#♆	
16	00 56	☽△♅	G
Sa	02 34	☽⚺♃	g
	12 29	☽□♆	B
	12 30	♄♌	
	16 03	☽□☿	B
	17 13	♀△♇	
	18 31	☽#♄	B
	22 19	☽⚺♇	g
	22 47	☽#☉	G
	22 49	☽□♀	B
17	02 15	☽△☉	G
Su	05 23	☽∠♃	b
	11 35	☽♐	
	11 48	☽△♄	G
	20 27	♀△♂	
	20 40	☉⚼♅	
18	01 50	♀#♇	
Mo	02 45	☽⚼♂	b
	05 09	☽□♅	B
	05 46	☽⚼☉	b
	07 09	☽⚹♃	G
	13 22	☽⚼♄	b
	15 50	☽⚹♆	G
	20 45	☽△☿	G
19	00 59	☽☌♇	D

Day	Time	Aspect	
Tu	04 39	☽△♂	G
	06 03	☽△♀	G
	13 26	☽♑	
	16 13	☽∠♆	b
	21 32	☽⚼☿	b
20	05 53	☽⚹♅	G
We	08 12	☽⚼♀	b
	08 15	☽□♃	B
	08 22	♂∠♅	
	08 52	♀∠♃	
	16 02	☽⚺♆	g
	22 39	☉±♇	
21	00 49	☽⚺♇	g
Th	05 29	☽∠♅	b
	06 24	☽□♂	B
	11 00	☽☍☉	B
	12 55	☽♒	
	13 56	☽☍♄	B
22	00 18	☽∠♇	b
Fr	03 33	☉∥♄	
	04 57	☽⚺♅	g
	07 45	☽△♃	G
	13 52	☽#♄	B
	14 13	☽#☉	G
	15 03	☽☌♆	D
	17 41	☉♌	
	19 42	☉Q♃	
	21 03	☽☍☿	B
	23 52	☽⚹♇	G
23	01 01	♀♍	
Sa	03 00	☿Stat	
	07 33	☽⚹♂	G
	07 38	☽⚼♃	b
	07 58	☽∥♆	D
	11 35	☽∥♇	D
	12 11	☽♓	
	13 10	☽☍♀	B
	17 01	☉☌♄	
	19 50	♀⚺♄	
	21 06	☽#♀	G
24	01 52	☽#☿	G
Su	04 35	☽☌♅	B
	05 12	☉⚺♀	
	08 42	☽∠♂	b
	11 55	☽∥♅	B
	13 11	☽#♂	B
	14 08	☽⚼♄	b
	15 04	☽⚺♆	g
	15 25	☽⚼☉	b
25	00 19	☽□♇	B
Mo	04 42	☽∥♃	G
	10 37	☽⚺♂	g
	13 23	☽♈	
	15 22	☽△♄	G
	16 03	☽∠♆	b
	18 16	☽△☉	G
	19 14	♂Q♆	
	22 07	☽⚼☿	b
26	06 41	☽⚺♅	g
Tu	07 58	☽#♃	G
	09 18	♂#♅	
	10 54	☽☍♃	B
	17 54	☽⚹♆	G
	23 31	☽⚼♀	b
	23 43	☽△☿	G
27	00 43	☉±♅	
We	01 38	☽#♅	B
	02 09	☽∥♂	B
	03 50	☽△♇	G

Date	Time	Aspect	
	09 03	☽∠♅	b
	10 55	☽∥☿	G
	11 08	☽∥♀	G
	14 22	☿∥♀	
	17 23	☽☌♂	B
	17 54	☽♉	
	20 34	☽□♄	B
28 Th	03 19	☽□☉	B
	04 42	☽#♇	D
	05 12	♂♉	
	05 16	☽△♀	G
	06 59	☽⚼♇	b
	08 58	☽#♆	D
	12 21	☽✱♅	G
	17 54	♀⊥♃	
	22 20	☽∥☉	G
29 Fr	00 21	☽□♆	B
	04 59	☽□☿	B
	05 04	☽∥♄	B
	10 06	♀⊥♄	
	22 14	☽⚼♃	b
30 Sa	02 02	☽♊	
	04 13	☽⊻♂	g
	04 33	☉⚼♇	
	05 27	☽✱♄	G
	16 45	☽✱☉	G
	18 08	♀∥♂	
	20 11	☽□♀	B
	21 22	☽□♅	B
31 Su	03 39	☽△♃	G
	08 08	♀☍♅	
	10 00	☽△♆	G
	10 52	☽∠♂	b
	10 59	☽∠♄	b
	12 23	☽✱☿	G
	13 59	♂□♄	
	21 10	☽☍♇	B
AUGUST			
1 Mo	00 43	☽∠☉	b
	09 47	♀#♅	
	12 52	☽♋	
	15 39	☽⚼♆	b
	16 34	☽∠☿	b
	17 02	☽⊻♄	g
	18 04	☽✱♂	G
2 Tu	02 31	☉▽♅	
	08 40	☽△♅	G
	08 52	☿☍♆	
	09 13	☽⊻☉	g
	14 13	☽✱♀	G
	16 00	☽□♃	B
	20 56	☽⊻☿	g
3 We	10 10	♀⊻♃	
	14 46	☽⚼♅	b
	23 50	☽∠♀	b
4 Th	01 10	☽☊	
	06 03	☽☌♄	B
	09 25	☽□♂	B
	09 50	☿⊻♀	
	15 24	☽⚼♇	b
5 Fr	03 05	☽☌☉	D
	05 21	☽✱♃	G
	05 54	☽☌☿	G
	09 36	☽⊻♀	g
	10 09	☽☍♆	B
	11 23	☽∥♄	B
	12 40	☿✱♃	
	14 50	♀▽♆	
	21 45	☽△♇	G
	23 36	☉☌☿	
6 Sa	04 44	☽∥☉	G
	07 42	☽#♆	D
	12 07	☽∠♃	b
	12 08	☉✱♃	
	12 35	☽#♇	D
	13 54	☽♍	
	19 26	☽⊻♄	g
	20 08	♀∠♄	
7 Su	01 05	☽△♂	G
	01 34	☽∥☿	G
	08 58	☽∥♂	B
	09 33	☽☍♅	B
	11 17	☿⊥♀	
	14 54	☽⊻☿	g
	18 23	☽#♅	B
	18 47	☽⊻♃	g
	21 02	☽⊻☉	g
8 Mo	01 59	☽∠♄	b
	04 56	☽●♀	G
	05 20	☉#♆	
	08 40	☽⚼♂	b
	09 40	☽∥♀	G
	10 10	☽□♇	B
	11 55	☽#♃	G
	16 11	☉☍♆	
	19 17	☽∠☿	b
9 Tu	02 08	☽♎	
	04 30	☽⚼♆	b
	05 36	☽∠☉	b
	08 12	♀#♃	
	08 13	☽✱♄	G
	17 42	♂⚼♇	
	23 28	☽✱☿	G
10 We	01 04	☽#♀	G
	02 45	☽∥♃	G
	07 08	☽●♃	G
	08 54	♀□♇	
	09 56	☽△♆	G
	12 45	♀±♆	
	13 33	☽✱☉	G
	19 28	☽∥♅	B
	21 02	♀⚼♂	
	21 10	☽✱♇	G
	22 29	☽⊻♀	g
11 Th	02 15	☽⚼♅	b
	07 07	☽#♂	B
	12 35	☽♏	
	13 25	☉#♇	
	18 02	☽#☿	G
	18 58	☽□♄	B
	22 53	☽#☉	G
	23 26	☽∥♇	D
12 Fr	01 41	☽∠♇	b
	04 02	☽∥♆	D
	04 06	☽☍♂	B
	05 54	☽∠♀	b
	06 34	☽△♅	G
	06 39	☽□☿	B
	09 42	☿▽♅	
	12 11	☿∠♀	
	16 50	☽⊻♃	g
	18 40	☽□♆	B
	21 10	☽#♄	B
13 Sa	00 08	♄±♅	
	02 39	☽□☉	B
	05 19	☽⊻♇	g
	12 06	☽✱♀	G
	13 09	☉∥☿	
	19 41	☿□♂	
	19 47	☽♐	
	20 18	☽∠♃	b
14 Su	02 16	☽△♄	G
	11 28	☽△☿	G
	12 25	☽□♅	B
	14 45	♂✱♅	
	15 03	☉△♇	
	20 43	♃±♅	
	22 46	☽✱♃	G
	23 43	☽✱♆	G
15 Mo	04 26	☽⚼♄	b
	09 42	☽☌♇	D
	11 03	☽△☉	G
	12 50	☽⚼☿	b
	13 51	☿#♇	
	14 50	☽⚼♂	b
	20 43	☽□♀	B
	23 13	☽♑	
16 Tu	00 52	☽∠♆	b
	03 50	☿ Stat	
	13 38	☽⚼☉	b
	14 38	☽✱♅	G
	16 24	☽△♂	G
17 We	01 02	☽□♃	B
	01 17	☽⊻♆	g
	03 05	♀♎	
	10 46	☽⊻♇	g
	14 41	☽∠♅	b
	19 36	♃△♆	
	22 21	♀⚼♆	
	23 39	☽♒	
18 Th	01 23	☽△♀	G
	06 15	☽☍♄	B
	10 31	☽∠♇	b
	13 15	☉⊥♀	
	14 01	☽☍☿	B
	14 20	☽⊻♅	g
	17 44	☽□♂	B
19 Fr	00 44	☽☌♆	D
	01 06	☽△♃	G
	03 00	☽⚼♀	b
	03 22	☿▽♅	
	04 01	☽#♄	B
	08 38	☉∥♂	
	10 05	☽✱♇	G
	17 37	☽∥♆	D
	17 53	☽☍☉	B
	17 56	☽#☿	G
	21 35	☽∥♇	D
	22 52	☽♓	
20 Sa	00 59	☽⚼♃	b
	06 23	☽#♂	B
	07 21	☿#♆	
	08 02	☽#☉	G
	13 30	☽☌♅	B
	18 34	☽✱♂	G
	20 33	☽∥♅	B
	22 27	♀✱♄	
21 Su	00 06	☽⊻♆	g
	06 01	☽⚼♄	b
	06 07	♃Q♄	
	08 19	☽∥♃	G
	09 45	☽□♇	B
	15 51	☽⚼☿	b
	19 34	☽∠♂	b
	21 01	☽∥♀	G
	23 01	☽♈	
22 Mo	00 24	☽∠♆	b
	06 44	☽△♄	G
	09 19	☽☍♀	B
	10 11	☽#♀	G
	14 13	☽⊻♅	g
	18 01	☽△☿	G
	21 18	☽⊻♂	g
	22 40	☽#♃	G
23 Tu	00 00	☽⚼☉	b
	00 45	☉♍	
	01 26	☽✱♆	G
	03 15	☽☍♃	B
	10 52	☽#♅	B
	11 46	☽△♇	G
	15 26	♀±♂	
	15 41	☽∠♅	b
	19 43	☽∥☉	G
24 We	01 58	☽♉	
	03 53	☽△☉	G
	04 22	☽∥♂	B
	10 42	☽□♄	B
	12 07	☽#♇	D
	14 06	☽⚼♇	b
	16 40	☽#♆	D
	17 33	☽∥☿	G
	18 07	☽✱♅	G
	19 10	♀▽♅	
25 Th	02 24	☽□☿	B
	03 41	☽☌♂	B
	06 14	☽□♆	B
	07 14	☽∥♄	B
	09 45	☉∠♃	
	10 46	♀Q♇	
26 Fr	00 15	☽⚼♀	b
	01 30	☿□♂	
	08 43	☽♊	
	13 26	☽⚼♃	b
	15 14	☿#♆	
	15 18	☽□☉	B
	18 37	☽✱♄	G
	20 25	☿☍♆	
27 Sa	01 50	☽□♅	B
	07 45	☽△♀	G
	14 13	☽⊻♂	g
	14 49	☽△♆	G
	17 03	☽✱☿	G
	18 46	☽△♃	G
	23 56	☽∠♄	b
28 Su	02 49	☽☍♇	B
	07 30	♂□♆	
	10 28	☿✱♃	
	16 06	☉⊻♄	
	16 24	♂±♇	
	18 57	☽♋	
	20 16	☽⚼♆	b
	20 44	☽∠♂	b
29 Mo	02 31	☽∠☿	b
	05 55	☽⊻♄	g
	06 59	☽✱☉	G
	12 40	☽△♅	G
	17 30	♀±♅	
30 Tu	01 29	☽□♀	B
	03 05	☉#♅	
	03 47	☽✱♂	G
	07 22	☽□♃	B
	08 19	♀∥♃	
	08 50	♀△♆	
	13 03	☽⊻☿	g
	15 47	☽∠☉	b
	18 08	☿#♇	
	18 46	☽⚼♅	b
31 We	01 25	☿△♇	
	07 14	☽☊	
	11 00	♀▽♂	
	19 00	☽☌♄	B
	21 04	☽⚼♇	b
SEPTEMBER			
1 Th	00 51	☽⊻☉	g
	03 03	☉☍♅	
	06 28	♀Q♄	
	14 47	☽☍♆	B
	18 28	☽□♂	B
	20 07	☿∥♂	
	20 50	☽✱♀	G
	21 03	☽✱♃	G
	21 55	☽∥♄	B
	23 30	♀☌♃	
2 Fr	03 26	☽△♇	G
	10 52	♇ Stat	
	11 44	☽☌☿	G
	12 42	☽#♆	D
	14 17	☉#♀	
	17 55	☽#♇	D
	19 56	☽♍	
	21 30	☽∥♂	B
3 Sa	00 45	☽∥☿	G
	03 49	☽∠♃	b
	06 24	☽∠♀	b
	08 13	☽⊻♄	g
	13 24	☽☍♅	B
	18 45	☽☌☉	D
	22 22	☽#♅	B
4 Su	01 01	☽#♀	G
	06 48	☽∥☉	G
	08 40	☽△♂	G
	09 33	☽#♃	G
	10 21	☽⊻♃	g
	14 30	☽∠♄	b
	15 39	☽⊻♀	g
	15 40	☽□♇	B
	15 46	♀✱♇	
	17 01	☉⊥♄	
	17 52	☿♍	
5 Mo	07 26	♀∥♅	
	07 52	☽♎	
	08 49	☽⚼♆	b
	10 23	☽⊻☿	g
	15 14	☽⚼♂	b
	17 54	☉#♃	
	20 26	☽✱♄	G
	22 43	☉⊥♃	
6 Tu	03 52	♀⚼♅	
	11 15	☽⊻☉	g
	14 09	☽△♆	G
	14 18	☽#☉	G
	15 54	☽∥♃	G
	21 00	☽∠☿	b
	22 17	☽☌♃	G
7 We	02 12	☽∥♅	B
	02 30	☽✱♇	G
	05 47	☽⚼♅	b
	06 07	☽∥♀	G
	06 11	☿∠♃	
	08 33	☽●♀	G
	11 14	☽#☿	G
	18 10	☽♏	
	18 36	☽∠☉	b

	23 26	☉⊽♆	
8	03 57	☽#♂	B
Th	05 06	☽∥♇	D
	06 40	☿⊻♄	
	06 48	☽□♄	B
	06 49	☽✱☿	G
	07 08	☽∠♇	b
	10 00	☽∥♆	D
	10 01	☿#♀	
	10 16	☽△♅	G
	22 30	☽#♄	B
	23 12	☽□♆	B
9	01 11	☽✱☉	G
Fr	05 22	☿☍♅	
	07 31	☽☍♂	B
	07 57	☽⊻♃	g
	11 07	☽⊻♇	g
	22 22	☽⊻♀	g
	23 53	♄⊡♇	
10	02 03	☽♐	
Sa	11 09	☿#♅	
	11 42	☽∠♃	b
	14 30	☽△♄	G
	17 10	☽□♅	B
	23 14	☽□☿	B
11	02 52	♂Q♅	
Su	03 49	☽∠♀	b
	05 30	☽✱♆	G
	05 42	♂#♇	
	11 37	☽□☉	B
	14 20	☿⊥♄	
	14 38	☽✱♃	G
	16 14	♀♏	
	16 52	☽☌♇	D
	17 11	☽⊡♄	b
12	06 57	☽♑	
Mo	07 30	☽∠♆	b
	08 16	☽✱♀	G
	09 30	♂⊽♃	
	12 05	☿⊥♃	
	16 50	☽⊡♂	b
	19 17	☿⊽♆	
	21 05	☽✱♅	G
13	04 15	☿#♃	
Tu	08 48	☽⊻♆	g
	10 53	☽△☿	G
	16 41	☉⊻♃	
	18 15	☽□♃	B
	18 21	☽△☉	G
	18 22	☽△♂	G
	18 49	☉△♂	
	19 40	☽⊻♇	g
	22 01	☽∠♅	b
14	00 17	☉±♆	
We	03 07	☿∠♀	
	09 02	☽♒	
	14 21	☉□♇	
	14 34	☽□♀	B
	15 13	☽⊡☿	b
	20 12	☽∠♇	b
	20 37	☽⊡☉	b
	21 00	☽☍♄	B
	22 26	☽⊻♅	g
15	03 12	☉∠♄	
Th	09 46	☽☌♆	D
	17 38	☽#♄	B
	19 39	☽△♃	G
	19 51	☽□♂	B
	20 23	☽✱♇	G

	22 34	☿±♆	
16	01 12	☿⊻♃	
Fr	03 05	☿△♂	
	03 25	☽∥♆	D
	06 11	☽#♂	B
	06 32	☿□♇	
	07 35	☽∥♇	D
	09 24	☽♓	
	11 19	☽∥♀	G
	15 04	☿∠♄	
	18 52	☽△♀	G
	20 00	☽⊡♃	b
	22 29	☽☌♅	B
17	05 52	☽∥♅	B
Sa	09 49	☽⊻♆	g
	11 20	♂⊽♇	
	12 05	☽∥♃	G
	15 16	♀∠♇	
	20 33	☽□♇	B
	20 40	☽✱♂	G
	21 00	☽⊡♀	b
	21 49	☽⊡♄	b
18	01 58	☽☍☿	B
Su	02 01	☽☍☉	B
	02 23	☽#☿	G
	02 38	☉☌☿	
	03 57	♃✱♇	
	07 30	☽#☉	G
	08 34	♀□♄	
	09 43	☽♈	
	10 03	☽∠♆	b
	16 31	♀△♅	
	17 06	♀∥♇	
	19 05	☽∥☉	G
	21 26	☽∠♂	b
	22 27	☽△♄	G
	22 35	☽∥☿	G
	22 58	☽⊻♅	g
19	10 44	☽✱♆	G
Mo	16 12	☽#♃	G
	22 01	☽△♇	G
	22 14	☽#♅	B
	22 36	☽☍♃	B
	22 45	☽⊻♂	g
	23 56	☽∠♅	b
20	02 07	♀#♂	
Tu	11 47	☽♉	
	16 40	☿♎	
	18 49	☿⊡♆	
	21 58	☽#♇	D
	23 45	☽⊡♇	b
21	00 40	☽∥♂	B
We	01 37	☽□♄	B
	01 40	☽✱♅	G
	02 16	☽#♀	G
	02 29	☽#♆	D
	05 10	♀∥♆	
	05 49	♄⊽♅	
	07 04	☽☍♀	B
	11 27	☽⊡☉	b
	12 25	☽∥♄	B
	14 15	☽□♆	B
	14 41	☉∥☿	
	15 06	♂⊽♃	
	17 15	☽⊡☿	b
22	03 45	☽☌♂	B
Th	11 38	☉#☿	
	16 41	☽△☉	G
	17 07	☽♊	

	22 23	☉♎	
23	00 50	☽△☿	G
Fr	01 23	☉⊡♆	
	04 55	♃⊡♅	
	07 50	☽□♅	B
	07 53	☽⊡♃	b
	08 21	☽✱♄	G
	21 24	☽△♆	G
24	10 32	☽☍♇	B
Sa	12 30	☽⊻♂	g
	12 57	☽△♃	G
	13 10	☽∠♄	b
	19 15	♀□♆	
25	02 10	☽♋	
Su	02 21	☽⊡♆	b
	03 05	☽⊡♀	b
	03 27	☿⊽♅	
	05 59	☿⊡♂	
	06 41	☽□☉	B
	10 59	☿✱♄	
	13 43	♀⊥♇	
	17 37	☽△♅	G
	18 07	☽∠♂	b
	18 48	☽⊻♄	g
	20 02	☽□☿	B
26	08 38	♀#♄	
Mo	08 57	☿Q♇	
	11 55	☽△♀	G
	23 31	☽⊡♅	b
27	00 19	☽✱♂	G
Tu	01 24	☽□♃	B
	14 03	☽♌	
	23 16	☿⊥♀	
28	00 06	☽✱☉	G
We	04 13	☽⊡♇	b
	07 35	☽☌♄	B
	14 16	☿±♅	
	18 28	☽✱☿	G
	20 29	☽☍♆	B
29	02 36	☽#♀	G
Th	06 55	☽□♀	B
	08 38	☿△♆	
	08 39	☽∥♄	B
	09 14	☽∠☉	b
	10 38	☽△♇	G
	13 17	☽□♂	B
	15 12	☽✱♃	G
	18 56	☽#♆	D
	19 11	☽∥♂	B
30	00 06	☽#♇	D
Fr	02 44	☽♍	
	05 43	☽∠☿	b
	18 04	☉⊽♅	
	18 09	☽☍♅	B
	18 09	☽⊻☉	g
	18 34	☿±♂	
	20 35	☽⊻♄	g
	21 55	☽∠♃	b
	22 25	♀⊻♇	
OCTOBER			
1	03 36	☽#♅	B
Sa	07 26	☽#♃	G
	11 08	☉⊡♂	
	13 44	☽#☿	G
	14 27	♂#♆	
	16 26	☽⊻☿	g
	22 04	♂ Stat	
	22 47	☽□♇	B

2	01 14	☽✱♀	G
Su	01 22	☽△♂	G
	02 23	☉✱♄	
	02 36	☽∠♄	b
	02 45	♀☍♂	
	04 14	☽⊻♃	g
	04 20	☽#☉	G
	14 21	☽⊡♆	b
	14 24	☽♎	
3	01 16	☿Q♄	
Mo	04 46	☉Q♇	
	06 41	☽⊡♂	b
	08 07	☽✱♄	G
	09 30	☽∠♀	b
	10 28	☽ ● ●	D
	11 41	☽∥☉	G
	16 20	☿✱♇	
	16 37	♀⊻♃	
	19 26	☽△♆	G
	21 51	☿∥♃	
	23 33	☿⊡♅	
4	06 51	☽∥♃	G
Tu	07 57	☽∥☿	G
	09 05	☽✱♇	G
	09 42	☽∥♅	B
	09 57	☽⊡♅	b
	10 55	☿⊽♂	
	11 29	☽ ● ☿	G
	15 15	☽☌♃	G
	17 02	☽⊻♀	g
	22 43	☿∥♅	
5	00 03	☽♏	
We	11 30	☽∥♇	D
	13 24	☽∠♇	b
	14 09	☽△♅	G
	16 12	☽∥♆	D
	16 36	☽#♂	B
	17 28	☽□♄	B
	21 39	☿☌♃	
6	00 03	☽⊻☉	g
Th	00 51	☽#♄	B
	03 55	☽□♆	B
	15 44	☉±♅	
	17 09	☽⊻♇	g
	19 05	☽☍♂	B
	21 03	☉∠♀	
	21 13	☽∥♀	G
	23 56	☽⊻♃	g
7	02 59	☽⊻☿	g
Fr	05 46	☽∠☉	b
	05 51	☽☌♀	G
	07 28	☽♐	
	20 53	☽□♅	B
8	00 31	☽△♄	G
Sa	01 00	♀♐	
	02 28	☉△♆	
	03 25	☽∠♃	b
	09 28	☽∠☿	b
	10 12	☽✱♆	G
	10 49	☽✱☉	G
	17 15	☿♏	
	23 02	☽☌♇	D
9	03 13	☽⊡♄	b
Su	06 20	☽✱♃	G
	12 33	☽∠♆	b
	12 43	☽♑	
	15 10	☽✱☿	G
	15 51	☽⊻♀	g
10	01 32	☽✱♅	G

Mo	02 03	☉±♂	
	02 22	☽⊡♂	b
	08 51	♀⊥♃	
	12 10	☿⊻♀	
	14 26	☽⊻♆	g
	15 37	♀Q♆	
	19 01	☽□☉	B
	19 53	☽∠♀	b
11	02 56	☽⊻♇	g
Tu	03 10	☽∠♅	b
	03 48	☽△♂	G
	10 42	☽□♃	B
	16 05	☽♒	
	23 24	☽✱♀	G
12	00 31	☽□☿	B
We	01 09	☽∥♀	G
	04 16	☽∠♇	b
	04 24	☽⊻♅	g
	08 32	☽☍♄	B
	17 00	☽☌♆	D
13	01 12	☽△☉	G
Th	04 25	☽#♄	B
	05 17	☽✱♇	G
	05 32	☽□♂	B
	10 58	☽#♂	B
	11 30	☽∥♆	D
	13 00	☿∠♇	
	13 20	☿△♅	
	13 34	☽△♃	G
	15 34	☽∥♇	D
	17 07	☽∥☿	G
	18 05	☽♓	
14	00 22	♂⊽♇	
Fr	03 50	☽⊡☉	b
	05 20	☽□♀	B
	06 06	☽☌♅	B
	07 41	♃∥♅	
	08 02	☽△☿	G
	09 12	☿∥♇	
	13 59	☽∥♃	G
	14 03	☽∥♅	B
	14 43	☽⊡♃	b
	15 17	♀□♅	
	18 22	☽∥☉	G
	18 37	☽⊻♆	g
15	06 18	☉Q♄	
Sa	06 29	☽✱♂	G
	06 55	☽□♇	B
	07 25	☉⊽♂	
	09 44	☿□♄	
	11 23	☽⊡♄	b
	11 34	☽⊡☿	b
	12 19	☉⊡♅	
	14 05	☉✱♇	
	19 24	☽∠♆	b
	19 39	☽♈	
16	03 28	☿∥♆	
Su	07 02	☽∠♂	b
	07 40	☽⊻♅	g
	08 16	☿#♂	
	11 03	☽△♀	G
	12 25	☽△♄	G
	20 24	☽✱♆	G
17	06 24	♀△♄	
Mo	07 49	☽⊻♂	g
	08 40	☽#☉	G
	08 48	☽∠♅	b
	09 04	☽△♇	G
	09 40	☽#♅	B

Date	Time	Aspect	
	10 28	☽#♃	G
	12 14	☽☍☉	B
	14 22	☽⚼♀	b
	18 58	☽☍♃	B
	22 04	☽♉	
18 Tu	02 43	☉∥♅	
	08 56	☽#♇	D
	10 25	☽✱♅	G
	10 46	☽⚼♇	b
	13 05	☽#♆	D
	13 26	☽∥♂	B
	15 41	☽□♄	B
	18 41	☿□♆	
	19 22	☽#☿	G
	20 04	☽∥♄	B
	23 45	☽□♆	B
19 We	00 20	☽☍☿	B
	00 58	☉∥♃	
	02 29	☿#♄	
	10 50	☽☌♂	B
	21 47	☿⊥♇	
20 Th	02 44	☽♊	
	14 48	☽#♀	G
	15 43	☽□♅	B
	16 43	♀∠♃	
	21 38	☽✱♄	G
21 Fr	02 08	☽⚼☉	b
	04 16	☽⚼♃	b
	05 06	☽☍♀	B
	05 57	☽△♆	G
	15 19	♀✱♆	
	16 39	☽⊻♂	g
	20 18	☽☍♇	B
22 Sa	01 54	☽∠♄	b
	08 17	♂#♆	
	08 52	☽△☉	G
	09 07	☽△♃	G
	10 20	☽⚼♆	b
	10 41	☽♋	
	12 54	☉☌♃	
	16 55	☿☍♂	
	20 45	☽∠♂	b
	21 19	☽⚼☿	b
23 Su	00 23	☽△♅	G
	07 02	☽⊻♄	g
	07 42	☉♏	
24 Mo	01 32	☽✱♂	G
	05 55	☽⚼♅	b
	06 29	☽△☿	G
	09 51	☿⊻♇	
	12 01	☽#♀	G
	21 16	☽□♃	B
	21 48	☽♌	
25 Tu	01 17	☽□☉	B
	05 04	☽⚼♀	b
	13 03	☽⚼♇	b
	19 13	☽☌♄	B
	20 59	♀▽♂	
26 We	00 25	☽#☿	G
	02 52	♃♏	
	03 44	☽☍♆	B
	12 25	☽□♂	B
	14 22	☽△♀	G
	18 38	☽∥♄	B
	19 08	♂Q♅	
	19 29	☽△♇	G
	23 24	♆Stat	
27 Th	02 14	☽#♆	D
	02 23	☽□☿	B
	02 58	☽∥♂	B
	06 52	☽#♇	D
	10 28	☽♍	
	11 04	☽✱♃	G
	19 15	☽#☉	G
	19 30	☽✱☉	G
28 Fr	00 34	☽☍♅	B
	05 57	☽#♃	G
	08 04	☽⊻♄	g
	10 17	☽#♅	B
	17 45	☽∠♃	b
	23 11	☽△♂	G
29 Sa	02 15	♀☌♇	
	04 13	☽∠☉	b
	07 50	☽□♇	B
	08 20	☽□♀	B
	13 59	☽∠♄	b
	21 06	☽✱☿	G
	21 54	☽⚼♆	b
	22 15	☽♎	
	23 54	☽⊻♃	g
30 Su	03 54	☽⚼♂	b
	06 15	♀±♂	
	07 07	☉△♅	
	09 02	☿♐	
	12 12	☽⊻☉	g
	19 16	☽✱♄	G
31 Mo	01 11	☉∠♇	
	02 53	☽△♆	G
	05 05	☽∠☿	b
	07 43	♀Q♅	
	08 43	☿⊻♃	
	16 24	☽⚼♅	b
	17 53	☽✱♇	G
	18 13	☽∥♅	B
	23 17	☽✱♀	G
	23 23	☽∥♃	G
NOVEMBER			
1 Tu	06 07	♀⚼♄	
	07 29	☽♏	
	10 02	☽☌♃	G
	11 57	☽⊻☿	g
	14 58	☽∥☉	G
	19 36	☽∥♇	D
	20 17	☽△♅	G
	21 07	☿Q♆	
	21 49	☽∠♇	b
	21 56	☽#♂	B
	23 39	☽∥♆	D
2 We	01 25	☽☌☉	D
	03 37	☽□♄	B
	05 21	☽∠♀	b
	06 13	☽#♄	B
	08 30	♂±♇	
	10 42	☽□♆	B
	14 05	☽☍♂	B
3 Th	01 05	☽⊻♇	g
	07 21	☉□♄	
	10 33	☽⊻♀	g
	13 46	☽∥☿	G
	13 55	☽♐	
	17 14	☽⊻♃	g
	22 42	☽☌☿	G
4 Fr	02 07	☽□♅	B
	09 20	☽△♄	G
	11 18	☽⊻☉	g
	15 22	☽∥♀	G
	16 01	☽✱♆	G
	19 58	☽∠♃	b
5 Sa	01 09	☉∥♇	
	04 20	♀∠♆	
	05 58	☽☌♇	D
	08 10	♀♑	
	11 28	☽⚼♄	b
	15 22	☽∠☉	b
	18 01	☽∠♆	b
	18 17	☽♑	
	19 03	☽☌♀	G
	19 14	☽⚼♂	b
	20 58	♀⚼♂	
	22 19	☽✱♃	G
6 Su	00 20	☿□♅	
	01 19	☉#♂	
	06 06	☽✱♅	G
	06 29	☽⊻☿	g
	19 05	☽✱☉	G
	19 44	☽⊻♆	g
	20 18	☽△♂	G
7 Mo	04 11	☉□♆	
	04 13	☽∥♀	G
	07 42	☽∠♅	b
	07 57	☉☍♂	
	09 30	☽⊻♇	g
	09 39	☽∠☿	b
	18 26	♂□♆	
	21 31	☽♒	
	22 58	☉∥♆	
8 Tu	01 17	☽∥☿	G
	02 06	☽⊻♀	g
	02 17	☽□♃	B
	05 46	♀✱♃	
	09 10	☽⊻♅	g
	11 02	☽∠♇	b
	12 30	☽✱☿	G
	16 24	☽☍♄	B
	16 38	☿⊥♃	
	22 02	☽□♂	B
	22 44	☽☌♆	D
9 We	01 57	☽□☉	B
	05 23	☽∠♀	b
	07 19	☉⊥♇	
	11 18	☽#♄	B
	12 31	☽✱♇	G
	15 12	☽∥☉	G
	17 17	☽∥♆	D
	20 23	☽#♂	B
	20 47	☽∥♇	D
10 Th	00 22	☽♓	
	05 56	☽△♃	G
	08 40	☽✱♀	G
	12 00	☽☌♅	B
	12 49	☽∥♃	G
	16 08	♀±♄	
	17 29	☽□☿	B
	20 06	☽∥♅	B
	23 41	☽✱♂	G
11 Fr	01 38	☽⊻♆	g
	07 47	☽⚼♃	b
	08 44	☽△☉	G
	15 33	☽□♇	B
	16 13	♂#♇	
	20 54	☽⚼♄	b
12 Sa	00 38	☽∠♂	b
	03 11	☽∠♆	b
	03 22	☽♈	
	10 28	♀✱♅	
	12 17	☽⚼☉	b
	15 05	☽⊻♅	g
	15 25	☽□♀	B
	20 32	☉#♄	
	21 52	☽△☿	G
	22 36	☽△♄	G
13 Su	01 43	☽⊻♂	g
	04 55	☽✱♆	G
	16 53	☽∠♅	b
	18 45	☽#♅	B
	19 07	☽△♇	G
	23 58	☽⚼☿	b
14 Mo	03 12	☽#♃	G
	05 41	☿Stat	
	07 02	☽♉	
	14 23	☽☍♃	B
	16 04	♀⊥♆	
	18 07	☽∥♂	B
	18 46	☽#♇	D
	19 00	☽✱♅	G
	21 20	☽⚼♇	b
	22 13	☽#♆	D
	23 06	☽△♀	G
15 Tu	02 45	☽□♄	B
	04 25	☽∥♄	B
	04 43	☽☌♂	B
	07 24	☽#☉	G
	09 13	☽□♆	B
	11 17	☉⊻♇	
16 We	00 08	♅Stat	
	00 58	☽☍☉	B
	03 38	☽⚼♀	b
	08 41	☿⊥♃	
	11 08	☿⊻♀	
	11 31	☽#☿	G
	12 10	☽♊	
17 Th	00 35	☽□♅	B
	06 43	☽☍☿	B
	07 06	♀▽♄	
	08 44	☽✱♄	G
	09 30	☽#♀	G
	09 31	☽⊻♂	g
	15 29	☽△♆	G
	16 23	♀△♂	
18 Fr	00 45	☽⚼♃	b
	07 02	☽☍♇	B
	12 42	☽∠♄	b
	12 52	☽∠♂	b
	19 38	☽⚼♆	b
	19 42	☽♋	
	20 28	♂□♄	
19 Sa	05 36	☽△♃	G
	08 48	☽△♅	G
	16 56	☽✱♂	G
	17 24	☽⊻♄	g
	19 53	☽⚼☉	b
	21 48	☽☍♀	B
20 Su	07 01	☿⊥♀	
	14 01	☽⚼♅	b
	15 22	☽⚼☿	b
	19 14	☽#♀	G
21 Mo	04 03	☽△☉	G
	06 10	☽♌	
	06 18	☿□♅	
	14 17	♀⊻♆	
	17 34	☽□♃	B
	18 40	☽△☿	G
	23 01	☽⚼♇	b
22 Tu	03 07	☽□♂	B
	03 33	☿⊻♃	
	04 50	☽☌♄	B
	05 15	☉♐	
	07 40	☽#☿	G
	09 01	♄Stat	
	12 19	☽☍♆	B
	13 44	☽#☉	G
23 We	02 37	☽∥♄	B
	05 25	☽△♇	G
	09 59	☽#♆	D
	13 36	☽#♇	D
	16 07	☽∥♂	B
	16 37	☉∥☿	
	18 41	☽♍	
	22 11	☽□☉	B
	22 37	☽⚼♀	b
24 Th	01 21	☽□☿	B
	04 44	☽#♃	G
	05 32	☿Q♆	
	07 21	☽✱♃	G
	08 37	☽☍♅	B
	14 44	☽△♂	G
	15 12	☿∠♀	
	15 43	☉☌☿	
	17 35	☽⊻♄	g
	17 55	☽#♅	B
	20 53	☉∠♀	
25 Fr	05 53	☉Q♆	
	07 06	☽△♀	G
	14 05	☽∠♃	b
	18 10	☽□♇	B
	20 20	☽⚼♂	b
	23 38	☽∠♄	b
26 Sa	00 59	♀Q♃	
	06 58	☽♎	
	07 07	☽⚼♆	b
	07 26	☽✱☿	G
	11 53	☿♏	
	15 48	☽✱☉	G
	20 15	☽⊻♃	g
27 Su	05 02	☽✱♄	G
	10 00	☽∠☿	b
	11 56	♃△♅	
	12 23	☽△♆	G
	21 48	☽□♀	B
	23 18	☽∠☉	b
28 Mo	01 22	☽⚼♅	b
	02 55	☽∥♅	B
	04 38	☽✱♇	G
	05 36	☿#♄	
	12 10	☽⊻☿	g
	16 28	☽∥♃	G
	16 33	☽♏	
29 Tu	01 17	☉□♅	
	02 16	☽#♂	B
	05 05	☽∥♇	D
	05 19	☽△♅	G
	05 38	☽⊻☉	g
	05 56	☽☌♃	G
	08 05	☽∥♆	D
	08 32	☽∠♇	b
	09 10	☽☍♂	B
	10 12	☉⊻♃	
	12 19	☽∥☿	G
	13 14	☽□♄	B
	14 57	☽#♄	B
	20 14	☽□♆	B
30 We	08 06	☽✱♀	G
	09 59	☽∥☉	G
	11 31	☽⊻♇	g

Date	Time	Aspect	
	12 47	♀∠♅	
	15 16	☽☌☿	G
	22 23	☉∇♂	
	22 32	☽♐	
DECEMBER			
1	02 53	☽∥♀	G
Th	10 35	☽□♅	B
	10 58	♂⚼♇	
	11 42	☽∠♀	b
	11 54	☽⊻♃	g
	15 01	☽☌☉	D
	17 56	☽△♄	G
2	00 41	☽✱♆	G
Fr	13 49	☽∠♃	b
	14 32	☽⊻♀	g
	14 59	☽⚼♂	b
	15 17	☽☌♇	D
	17 09	☽⊻☿	g
	19 20	☽⚼♄	b
3	01 42	☽♑	
Sa	02 02	☽∠♆	b
	06 41	☉△♄	
	07 44	♀⊻♇	
	11 42	☿∥♆	
	13 21	☽✱♅	G
	15 17	☽✱♃	G
	15 56	☽△♂	G
	17 58	☽∠☿	b
	21 25	☽⊻☉	g
4	02 25	☿ Stat	
Su	03 05	☽⊻♆	g
	14 18	☽∠♅	b
	17 26	☽⊻♇	g
	18 54	☽☌♀	G
	18 56	☽✱☿	G
	20 06	☿✱♀	
5	00 12	☽∠☉	b
Mo	00 44	♂☍♃	
	03 36	☽♒	
	11 22	☽∥♀	G
	15 15	☽⊻♅	g
	17 31	☽□♂	B
	17 49	☽□♃	B
	17 59	☽∥☉	G
	18 23	☿∥♆	
	18 25	☽∠♇	b
	22 07	☽☍♄	B
6	03 03	☽✱☉	G
Tu	05 01	☽☌♆	D
	08 47	☉±♂	
	15 35	☽#♄	B
	18 53	☉⊥♃	
	19 33	☽✱♇	G
	21 52	☽∥☿	G
	21 58	☽□☿	B
	22 22	☽∥♆	D
	23 05	☽⊻♀	g
7	00 50	☽∥♇	D
We	03 23	☽#♂	B
	05 44	☽♓	
	07 30	☉✱♆	
	10 22	☽∥♃	G
	17 40	☽☌♅	B
	19 45	☽✱♂	G
	20 56	☽△♃	G
	23 48	♃∠♇	
8	01 05	☽∥♅	B
Th	01 31	☽∠♀	b
	07 45	☽⊻♆	g
	09 36	☽□☉	B
	21 22	☽∠♂	b
	22 43	☽□♇	B
	22 59	☽⚼♃	b
9	02 12	☽⚼♄	b
Fr	03 16	☉∥♀	
	03 17	☽△☿	G
	04 17	☽✱♀	G
	09 02	☽♈	
	09 37	☽∠♆	b
	21 21	☽⊻♅	g
	23 22	☽⊻♂	g
10	04 04	♂ Stat	
Sa	04 13	☽△♄	G
	06 57	☽⚼☿	b
	11 52	☽✱♆	G
	17 52	☽△☉	G
	22 00	☿✱♀	
	23 45	☽∠♅	b
11	00 13	☽#♅	B
Su	03 18	☽△♇	G
	10 50	☽□♀	B
	13 46	☽♉	
	16 46	☽#♃	G
	22 42	☽⚼☉	b
	23 38	☽∥♂	B
12	01 52	☽#♇	D
Mo	02 31	☽✱♅	G
	04 14	☽#♆	D
	04 33	☽•♂	B
	06 09	☽⚼♇	b
	07 21	☽☍♃	B
	09 21	☽□♄	B
	10 56	☽#☿	G
	11 59	☽∥♄	B
	17 27	☽□♆	B
	21 19	☿♐	
13	04 22	☿#♄	
Tu	07 45	☽#♀	G
	15 36	☽#☉	G
	18 46	☽△♀	G
	19 59	☽♊	
	22 00	☽☍☿	B
14	09 14	☽□♅	B
We	11 24	☽⊻♂	g
	16 01	☽✱♄	G
	23 19	☽⚼♀	b
15	00 39	☽△♆	G
Th	07 05	☉⚼♂	
	15 34	☽∠♂	b
	15 57	♀♒	
	16 16	☽☍☉	B
	17 11	☽☍♇	B
	19 27	☽⚼♃	b
	20 03	☽∠♄	b
	23 26	☉⊥♀	
16	00 31	☿Q♆	
Fr	04 01	☽♋	
	04 12	☉☌♇	
	05 00	☽⚼♆	b
	17 07	♀⊥♇	
	17 52	☽△♅	G
	20 20	☽✱♂	G
17	00 33	☽△♃	G
Sa	00 38	☽⊻♄	g
	02 38	☉Q♅	
	05 16	♃□♄	
	13 50	☉⚼♄	
	16 10	☉∠♃	
	20 04	☽⚼☿	b
	23 04	☽⚼♅	b
18	14 18	☽♌	
Su	15 55	☽☍♀	B
19	00 22	☽#☉	G
Mo	01 14	☿□♅	
	05 17	☽△☿	G
	07 46	☽□♂	B
	09 04	☽⚼♇	b
	11 31	☽☌♄	B
	12 34	☽□♃	B
	15 57	☽⚼☉	b
	19 35	☽#♀	G
	20 01	☽#☿	G
	21 31	☽☍♆	B
	22 58	☿∥♀	
20	05 56	☿∇♂	
Tu	08 00	☽∥♄	B
	15 25	☽△♇	G
	17 41	☽#♆	D
	19 54	☽#♇	D
	20 23	☽∥♂	B
21	01 09	☽△☉	G
We	02 39	☽♍	
	03 50	☽#♃	G
	11 27	☿△♄	
	17 39	☽☍♅	B
	18 35	☉♑	
	21 09	☽△♂	G
22	00 02	☽⊻♄	g
Th	01 44	☽□☿	B
	01 51	☽#♅	B
	02 17	☽✱♃	G
	07 04	☿⊻♃	
	09 27	♂#♇	
	10 43	☉∠♆	
	11 58	☽⚼♀	b
	17 09	♀⊥♅	
23	03 57	☽⚼♂	b
Fr	04 27	☉⊻♀	
	04 30	☽□♇	B
	06 17	☽∠♄	b
	09 07	☽∠♃	b
	15 26	☽♎	
	16 53	☽⚼♆	b
	18 22	☽△♀	G
	19 36	☽□☉	B
24	09 36	♀ Stat	
Sa	12 05	☽✱♄	G
	13 20	♀⊥♅	
	15 25	☽⊻♃	g
	21 47	☽✱☿	G
	22 39	☽△♆	G
25	02 56	☿±♂	
Su	05 25	☿✱♆	
	05 46	♂⚼♇	
	10 18	☽∥♅	B
	11 44	☽⚼♅	b
	15 53	☽✱♇	G
	16 37	☿∠♀	
	23 44	☉±♄	
26	02 04	☽♏	
Mo	04 42	☽□♀	B
	06 18	☽∠☿	b
	08 16	☽∥♃	G
	11 03	☽✱☉	G
	14 25	☽∥♇	D
	15 48	☽#♂	B
	16 09	☽∥♆	D
	16 11	☽△♅	G
	20 12	☽∠♇	b
	20 39	☽☍♂	B
	21 12	☽□♄	B
27	01 19	☽☌♃	G
Tu	01 44	☽#♄	B
	03 02	☿⊥♃	
	04 11	☽∥♀	G
	07 26	☽□♆	B
	12 41	♂#♆	
	13 23	☽⊻☿	g
	16 50	☽∠☉	b
	23 27	☽⊻♇	g
28	00 12	♂□♄	
We	01 16	☽∥☿	G
	04 36	☽∥☉	G
	08 44	☽♐	
	10 42	☽✱♀	G
	21 19	☽⊻☉	g
	21 57	☽□♅	B
29	02 14	☽△♄	G
Th	06 07	☉✱♅	
	06 55	☽⊻♃	g
	10 11	♀#♄	
	12 04	☽✱♆	G
	12 08	☽∠♀	b
	23 25	☽☌☿	G
30	00 27	♀⊥♇	
Fr	01 37	☉∥☿	
	03 01	☽☌♇	D
	03 23	☽⚼♄	b
	04 23	☽⚼♂	b
	08 20	☽∠♃	b
	11 35	☽♑	
	12 44	☽⊻♀	g
	13 07	☽∠♆	b
31	00 11	☽✱♅	G
Sa	03 12	☽☌☉	D
	05 24	☽△♂	G
	05 26	☿⊥♀	
	09 09	☽✱♃	G
	11 18	☿☌♇	
	12 39	☿⚼♄	
	12 58	☉∇♄	
	13 13	☉⊥♆	
	13 37	☽⊻♆	g

DISTANCES APART OF ALL ☌s AND ☍s IN 2005

Note: The Distances Apart are in Declination

JANUARY

Day	h	m	Aspect	°	′
3	23	33	♀ ☌ ♇	7	25
4	01	23	☽ • ♃	0	18
4	17	58	☿ ☌ ♇	6	56
7	18	36	☽ ☌ ♂	3	18
8	17	05	☽ ☌ ♇	12	07
9	01	49	☽ ☌ ☿	4	50
9	03	02	☽ ☌ ♀	4	46
10	12	03	☽ ☌ ☉	4	54
10	17	58	☽ ☍ ♄	4	54
12	01	30	☽ ☌ ♆	4	30
13	10	07	☽ ☌ ♅	3	03
13	23	06	☉ ☍ ♄	0	01
14	02	35	☿ ☌ ♀	0	21
16	14	33	☽ ☍ ♃	0	31
21	11	35	☽ ☍ ♂	3	49
21	21	26	☽ ☍ ♇	12	12
23	22	49	☽ ☍ ♀	4	39
24	04	07	☽ ☍ ☿	3	38
24	09	17	☽ ☌ ♄	4	53
25	10	32	☽ ☍ ☉	4	46
25	18	04	☿ ☍ ♄	1	22
26	04	59	☽ ☍ ♆	4	26
27	20	52	♀ ☍ ♄	0	21
27	21	39	☽ ☍ ♅	2	56
28	17	47	♂ ☌ ♇	8	13
31	10	08	☽ • ♃	0	46

FEBRUARY

Day	h	m	Aspect	°	′
3	19	29	☉ ☌ ♆	0	06
5	04	28	☽ ☌ ♇	12	22
5	13	08	☽ ☌ ♂	4	15
7	01	47	☽ ☍ ♄	4	55
8	01	06	☽ ☌ ♀	3	59
8	10	10	☿ ☌ ♆	1	54
8	14	32	☽ ☌ ♆	4	25
8	15	04	☽ ☌ ☿	2	31
8	22	28	☽ ☌ ☉	4	19
9	23	27	☽ ☌ ♅	2	52
12	23	49	☽ ☍ ♃	0	53
14	10	50	☉ ☌ ☿	1	53
15	00	47	♀ ☌ ♆	0	53
18	05	23	☽ ☍ ♇	12	30
19	11	27	☽ ☍ ♂	4	26
20	05	44	☿ ☌ ♅	0	51
20	12	06	☽ ☌ ♄	4	57
22	13	33	☽ ☍ ♆	4	25
23	09	47	☽ ☍ ♀	2	54
24	04	54	☽ ☍ ☉	3	32
24	06	53	☽ ☍ ♅	2	48
24	23	50	☽ ☍ ☿	1	54
25	06	33	☉ ☌ ♅	0	41
27	13	46	☽ • ♃	0	57

MARCH

Day	h	m	Aspect	°	′
4	08	44	♀ ☌ ♅	0	36
4	12	41	☽ ☌ ♇	12	39
6	06	46	☽ ☌ ♂	4	26
6	08	29	☽ ☍ ♄	5	00
7	16	15	♂ ☍ ♄	0	36
8	02	14	☽ ☌ ♆	4	27
9	12	42	☽ ☌ ♅	2	46
9	23	44	☽ ☌ ♀	1	42
10	09	10	☽ ☌ ☉	2	37
11	18	07	☽ ☌ ☿	2	48
12	06	34	☽ ☍ ♃	0	55
17	13	43	☽ ☍ ♇	12	46
19	17	53	☽ ☌ ♄	5	03
20	12	59	☽ ☍ ♂	4	11
21	22	48	☽ ☍ ♆	4	28
23	17	17	☽ ☍ ♅	2	44
25	18	12	☽ ☍ ♀	0	18
25	20	58	☽ ☍ ☉	1	27
26	08	50	☽ ☍ ☿	4	03
26	15	01	☽ • ♃	0	49
29	16	11	☉ ☌ ☿	2	44
29	20	29	☿ ☌ ♀	3	55
31	03	30	☉ ☌ ♀	1	12
31	18	24	☽ ☌ ♇	12	51

APRIL

Day	h	m	Aspect	°	′
2	14	34	☽ ☍ ♄	5	04
2	23	52	♀ ☍ ♃	0	19
3	15	30	☉ ☍ ♃	1	28
3	23	47	☽ ☌ ♂	3	44
4	11	04	☽ ☌ ♆	4	28
5	23	44	☽ ☌ ♅	2	42
7	16	07	☽ ☌ ☿	2	24
8	10	30	☽ ☍ ♃	0	40
8	20	32	☽ • ●	0	19
9	00	50	☽ • ♀	0	56
13	13	11	♂ ☌ ♆	1	09
13	22	03	☽ ☍ ♇	12	54
16	03	02	☽ ☌ ♄	5	03
18	08	12	☽ ☍ ♆	4	28
18	15	26	☽ ☍ ♂	3	05
20	04	14	☽ ☍ ♅	2	40
22	06	04	☽ ☍ ☿	0	38
22	17	06	☽ • ♃	0	30
24	10	06	☽ ☍ ☉	1	00
24	22	14	☽ ☍ ♀	2	12
27	23	53	☽ ☌ ♇	12	54
28	04	37	☿ ☍ ♃	1	08
29	22	00	☽ ☍ ♄	5	01

MAY

Day	h	m	Aspect	°	′
1	17	27	☽ ☌ ♆	4	26
2	16	40	☽ ☌ ♂	2	19
3	07	56	☽ ☌ ♅	2	36
5	12	47	☽ ☍ ♃	0	23
6	07	45	☽ ☌ ☿	2	34
8	08	45	☽ ☌ ☉	2	08
9	05	15	☽ ☌ ♀	3	06
11	05	35	☽ ☍ ♇	12	52
13	14	43	☽ ☌ ♄	4	56
15	11	53	♂ ☌ ♅	1	01
15	16	51	☽ ☍ ♆	4	22
17	14	31	☽ ☍ ♅	2	31
17	17	36	☽ ☍ ♂	1	22
19	22	06	☽ • ♃	0	18
22	20	14	☽ ☍ ☿	3	28
23	20	18	☽ ☍ ☉	3	17
24	21	40	☽ ☍ ♀	3	42
25	06	52	☽ ☌ ♇	12	49
27	08	25	☽ ☍ ♄	4	51
28	23	15	☽ ☌ ♆	4	17
29	09	31	♀ ☍ ♇	9	01
30	14	23	☽ ☌ ♅	2	25
31	09	38	☽ • ♂	0	25

JUNE

Day	h	m	Aspect	°	′
1	16	04	☽ ☍ ♃	0	16
3	09	12	☉ ☌ ☿	0	40
6	21	55	☽ ☌ ☉	4	08
7	08	15	☽ ☌ ☿	3	08
7	11	43	☽ ☍ ♇	12	46
8	03	43	☿ ☍ ♇	9	39
8	12	34	☽ ☌ ♀	3	49
10	03	40	☽ ☌ ♄	4	44
12	00	00	☽ ☍ ♆	4	11
13	23	00	☽ ☍ ♅	2	17
14	03	15	☉ ☍ ♇	8	17
15	17	53	☽ ☍ ♂	0	42
16	06	31	☽ • ♃	0	20
21	15	34	☽ ☌ ♇	12	44
22	04	14	☽ ☍ ☉	4	45
23	15	32	☽ ☍ ☿	3	09
23	17	54	☽ ☍ ♀	3	28
23	22	04	☽ ☍ ♄	4	39
25	06	17	☽ ☌ ♆	4	07
26	01	03	♂ ☍ ♃	1	03
26	02	59	♀ ☌ ♄	1	15
26	10	58	☿ ☌ ♄	1	20
26	20	51	☽ ☌ ♅	2	12
27	18	39	☿ ☌ ♀	0	04
28	23	02	☽ ☍ ♃	0	26
29	02	21	☽ ☌ ♂	1	41

JULY

Day	h	m	Aspect	°	′
4	16	36	☽ ☍ ♇	12	42
6	12	02	☽ ☌ ☉	4	57
7	16	54	☽ ☌ ♄	4	33
8	21	18	☽ ☌ ♀	2	46
8	21	36	☽ ☌ ☿	4	34
9	05	34	☽ ☍ ♆	4	03
9	09	43	☿ ☌ ♀	1	54
11	05	10	☽ ☍ ♅	2	05
12	04	46	♀ ☍ ♆	1	27
13	11	12	☿ ☍ ♆	1	15
13	17	46	☽ • ♃	0	37
14	14	15	☽ ☍ ♂	2	48
19	00	59	☽ ☌ ♇	12	43
21	11	00	☽ ☍ ☉	4	48
21	13	56	☽ ☍ ♄	4	29
22	15	03	☽ ☌ ♆	4	01
22	21	03	☽ ☍ ☿	7	08
23	13	10	☽ ☍ ♀	1	57
23	17	01	☉ ☌ ♄	0	17
24	04	35	☽ ☌ ♅	2	02
26	10	54	☽ ☍ ♃	0	47
27	17	23	☽ ☌ ♂	3	40
31	08	08	♀ ☍ ♅	0	32
31	21	10	☽ ☍ ♇	12	42

AUGUST

Day	h	m	Aspect	°	′
2	08	52	☿ ☍ ♆	4	49
4	06	03	☽ ☌ ♄	4	25
5	03	05	☽ ☌ ☉	4	18
5	05	54	☽ ☌ ☿	8	56
5	10	09	☽ ☍ ♆	4	00
5	23	36	☉ ☌ ☿	4	40
7	09	33	☽ ☍ ♅	1	59
8	04	56	☽ • ♀	1	00
8	16	11	☉ ☍ ♆	0	08
10	07	08	☽ • ♃	1	03
12	04	06	☽ ☍ ♂	4	34
15	09	42	☽ ☌ ♇	12	44
18	06	15	☽ ☍ ♄	4	22
18	14	01	☽ ☍ ☿	6	34
19	00	44	☽ ☌ ♆	4	03
19	17	53	☽ ☍ ☉	3	34
20	13	30	☽ ☌ ♅	2	00
22	09	19	☽ ☍ ♀	0	14
23	03	15	☽ ☍ ♃	1	15
25	03	41	☽ ☌ ♂	5	08
26	20	25	☿ ☍ ♆	0	02
28	02	49	☽ ☍ ♇	12	44
31	19	00	☽ ☌ ♄	4	19

SEPTEMBER

Day	h	m	Aspect	°	′
1	03	03	☉ ☍ ♅	0	45
1	14	47	☽ ☍ ♆	4	05
1	23	30	♀ ☌ ♃	1	08
2	11	44	☽ ☌ ☿	2	24
3	13	24	☽ ☍ ♅	2	02
3	18	45	☽ ☌ ☉	2	35
6	22	17	☽ ☌ ♃	1	31
7	08	33	☽ • ♀	0	31
9	05	22	☿ ☍ ♅	0	54
9	07	31	☽ ☍ ♂	5	32
11	16	52	☽ ☌ ♇	12	44
14	21	00	☽ ☍ ♄	4	17
15	09	46	☽ ☌ ♆	4	08
16	22	29	☽ ☌ ♅	2	05
18	01	58	☽ ☍ ☿	0	07
18	02	01	☽ ☍ ☉	1	32
18	02	38	☉ ☌ ☿	1	25
19	22	36	☽ ☍ ♃	1	44
21	07	04	☽ ☍ ♀	1	00
22	03	45	☽ ☌ ♂	5	35
24	10	32	☽ ☍ ♇	12	42
28	07	35	☽ ☌ ♄	4	14
28	20	29	☽ ☍ ♆	4	10
30	18	09	☽ ☍ ♅	2	08

OCTOBER

Day	h	m	Aspect	°	′
2	02	45	♀ ☍ ♂	4	09
3	10	28	☽ • ●	0	17
4	11	29	☽ • ☿	0	45
4	15	15	☽ ☌ ♃	1	59
5	21	39	☿ ☌ ♃	1	14
6	19	05	☽ ☍ ♂	5	14
7	05	51	☽ ☌ ♀	1	19
8	23	02	☽ ☌ ♇	12	38
12	08	32	☽ ☍ ♄	4	09
12	17	00	☽ ☌ ♆	4	11
14	06	06	☽ ☌ ♅	2	10
17	12	14	☽ • ☉	0	54
17	18	58	☽ ☍ ♃	2	13
19	00	20	☽ ☍ ☿	0	58
19	10	50	☽ ☌ ♂	4	33
21	05	06	☽ ☍ ♀	1	25
21	20	18	☽ ☍ ♇	12	34
22	12	54	☉ ☌ ♃	0	59
22	16	55	☿ ☍ ♂	3	19
25	19	13	☽ ☌ ♄	4	04
26	03	44	☽ ☍ ♆	4	09
28	00	34	☽ ☍ ♅	2	11
29	02	15	♀ ☌ ♇	11	05

Note: The Distances Apart are in Declination

NOVEMBER

d	h m	Aspect	Dist.
1	10 02	☽☌♃	2 29
2	01 25	☽☌☉	2 11
2	14 05	☽☍♂	3 27
3	22 42	☽☌☿	1 14
5	05 58	☽☌♇	12 28
5	19 03	☽☌♀	1 26
7	07 57	☉☍♂	0 26
8	16 24	☽☍♄	3 57
8	22 44	☽☌♆	4 05
10	12 00	☽☌♅	2 08
14	14 23	☽☍♃	2 44
15	04 43	☽☌♂	2 25
16	00 58	☽☍☉	3 15
17	06 43	☽☍☿	2 46
18	07 02	☽☍♇	12 23
19	21 48	☽☍♀	1 35
22	04 50	☽☌♄	3 49
22	12 19	☽☍♆	4 00
24	08 37	☽☍♅	2 03
24	15 43	☉☌☿	0 46
29	05 56	☽☌♃	3 02
29	09 10	☽☍♂	1 32
30	15 16	☽☌☿	5 40

DECEMBER

d	h m	Aspect	Dist.
1	15 01	☽☌☉	4 14
2	15 17	☽☌♇	12 19
4	18 54	☽☌♀	2 16
5	00 44	♂☍♃	1 51
5	22 07	☽☍♄	3 42
6	05 01	☽☌♆	3 53
7	17 40	☽☌♅	1 57
12	04 33	☽•♂	1 06
12	07 21	☽☍♃	3 18
13	22 00	☽☍☿	5 51
15	16 16	☽☍☉	4 47
15	17 11	☽☍♇	12 17
16	04 12	☉☌♇	7 28
18	15 55	☽☍♀	3 54
19	11 31	☽☌♄	3 35
19	21 31	☽☍♆	3 45
21	17 39	☽☍♅	1 48
26	20 39	☽☍♂	1 01
27	01 19	☽☌♃	3 38
29	23 25	☽☌☿	4 52
30	03 01	☽☌♇	12 18
31	03 12	☽☌☉	4 59
31	11 18	☿☌♇	7 33

PHENOMENA IN 2005

d	h	Phenomenon
		JANUARY
2	00	⊕ in perihelion
3	01	☽ Zero Dec.
8	16	♄ ☊
9	11	☽ Max. Dec.27°S56′
10	10	☽ in Perigee
12	19	☿ ☋
15	02	♂ ☋
15	13	☽ Zero Dec.
18	08	♀ ☋
22	19	☽ Max. Dec.27°N58′
23	03	☿ in aphelion
23	19	☽ in Apogee
30	06	☽ Zero Dec.
		FEBRUARY
5	21	☽ Max. Dec.28°S04′
7	22	☽ in Perigee
11	22	☽ Zero Dec.
19	01	☽ Max. Dec.28°N09′
20	05	☽ in Apogee
22	02	♀ in aphelion
26	12	☽ Zero Dec.
		MARCH
3	11	☿ ☊
5	05	☽ Max. Dec.28°S15′
8	03	☿ in perihelion
8	04	☽ in Perigee
11	09	☽ Zero Dec.
12	18	☿ Gt.Elong. 18 ° E.
18	08	☽ Max. Dec.28°N19′
19	23	☽ in Apogee
20	13	☉ enters ♈,Equinox
25	18	☽ Zero Dec.
		APRIL
1	10	☽ Max. Dec.28°S22′
4	11	☽ in Perigee
7	18	☽ Zero Dec.
8	21	● Ann.-tot. eclipse
10	18	☿ ☋
14	17	☽ Max. Dec.28°N23′
16	19	☽ in Apogee
19	04	♃ in aphelion
21	02	☿ in aphelion
22	03	☽ Zero Dec.
26	16	☿ Gt.Elong. 27 ° W.
28	16	☽ Max. Dec.28°S21′
29	10	☽ in Perigee
		MAY
5	01	☽ Zero Dec.
11	11	♀ ☊
12	01	☽ Max. Dec.28°N19′
14	14	☽ in Apogee
19	12	☽ Zero Dec.
25	23	☽ Max. Dec.28°S16′
26	11	☽ in Perigee
30	10	☿ ☊
		JUNE
1	07	☽ Zero Dec.
4	02	☿ in perihelion
8	08	☽ Max. Dec.28°N13′
11	06	☽ in Apogee
14	12	♀ in perihelion
15	20	☽ Zero Dec.
21	07	☉ enters ♋,Solstice
22	08	☽ Max. Dec.28°S13′
23	12	☽ in Perigee
28	12	☽ Zero Dec.
		JULY
5	05	⊕ in aphelion
5	13	☽ Max. Dec.28°N13′
7	17	☿ ☋
8	18	☽ in Apogee
9	03	☿ Gt.Elong. 26 ° E.
13	02	☽ Zero Dec.
17	16	♂ in perihelion
18	02	☿ in aphelion
19	18	☽ Max. Dec.28°S16′
21	20	☽ in Perigee
25	18	☽ Zero Dec.
		AUGUST
1	18	☽ Max. Dec.28°N19′
4	22	☽ in Apogee
9	07	☽ Zero Dec.
16	03	☽ Max. Dec.28°S25′
19	06	☽ in Perigee
22	03	☽ Zero Dec.
23	23	☿ Gt.Elong. 18 ° W.
26	09	☿ ☊
29	00	☽ Max. Dec.28°N29′
31	00	♀ ☋
31	01	☿ in perihelion
		SEPTEMBER
1	03	☽ in Apogee
5	13	☽ Zero Dec.
12	11	☽ Max. Dec.28°S33′
16	14	☽ in Perigee
18	14	☽ Zero Dec.
22	22	☉ enters ♎,Equinox
25	07	☽ Max. Dec.28°N36′
28	15	☽ in Apogee
		OCTOBER
2	19	☽ Zero Dec.
3	10	● Annular eclipse
3	16	☿ ☋
4	18	♀ in aphelion
9	17	☽ Max. Dec.28°S36′
14	01	☿ in aphelion
14	14	☽ in Perigee
16	00	☽ Zero Dec.
17	12	◗ Partial eclipse
22	15	☽ Max. Dec.28°N35′
26	10	☽ in Apogee
30	03	☽ Zero Dec.
		NOVEMBER
3	16	☿ Gt.Elong. 24 ° E.
3	19	♀ Gt.Elong. 47 ° E.
5	22	☽ Max. Dec.28°S32′
10	00	☽ in Perigee
12	07	☽ Zero Dec.
15	11	♂ ☊
19	00	☽ Max. Dec.28°N28′
22	09	☿ ☊
23	06	☽ in Apogee
26	11	☽ Zero Dec.
27	00	☿ in perihelion
		DECEMBER
3	05	☽ Max. Dec.28°S25′
5	05	☽ in Perigee
9	12	☽ Zero Dec.
12	13	☿ Gt.Elong. 21 ° W.
16	07	☽ Max. Dec.28°N23′
21	03	☽ in Apogee
21	19	☉ enters ♑,Solstice
22	04	♀ ☊
23	19	☽ Zero Dec.
30	14	☽ Max. Dec.28°S23′
30	16	☿ ☋

LOCAL MEAN TIME OF SUNRISE FOR LATITUDES
60° North to 50° South
FOR ALL SUNDAYS IN 2005 (ALL TIMES ARE A.M.)

Date	Northern Latitudes									Southern Latitudes				
	LONDON	60°	55°	50°	40°	30°	20°	10°	0°	10°	20°	30°	40°	50°
	H M	H M	H M	H M	H M	H M	H M	H M	H M	H M	H M	H M	H M	H M
2004 Dec. 26	8 5	9 3	8 25	7 58	7 20	6 54	6 33	6 14	5 57	5 39	5 21	4 59	4 30	3 50
2005 Jan. 2	8 5	9 2	8 25	7 58	7 22	6 56	6 35	6 17	6 0	5 43	5 25	5 3	4 36	3 56
,, 9	8 4	8 56	8 21	7 57	7 22	6 57	6 37	6 20	6 3	5 47	5 29	5 9	4 42	4 5
,, 16	7 59	8 47	8 15	7 52	7 20	6 57	6 38	6 22	6 6	5 50	5 34	5 15	4 51	4 16
,, 23	7 52	8 34	8 6	7 45	7 16	6 55	6 38	6 22	6 8	5 54	5 38	5 20	4 58	4 26
,, 30	7 42	8 19	7 55	7 37	7 11	6 52	6 36	6 23	6 10	5 57	5 43	5 26	5 6	4 37
Feb. 6	7 32	8 2	7 42	7 27	7 4	6 47	6 33	6 22	6 11	6 0	5 47	5 33	5 15	4 50
,, 13	7 19	7 44	7 27	7 15	6 56	6 42	6 30	6 20	6 11	6 1	5 51	5 39	5 23	5 3
,, 20	7 5	7 25	7 11	7 2	6 47	6 36	6 26	6 18	6 10	6 3	5 55	5 45	5 33	5 16
,, 27	6 51	7 5	6 55	6 48	6 37	6 29	6 21	6 15	6 9	6 4	5 57	5 50	5 40	5 28
Mar. 6	6 36	6 44	6 38	6 34	6 26	6 21	6 16	6 12	6 8	6 4	5 59	5 54	5 48	5 39
,, 13	6 20	6 24	6 21	6 19	6 15	6 13	6 10	6 8	6 6	6 4	6 1	5 58	5 55	5 45
,, 20	6 4	6 3	6 3	6 4	6 4	6 4	6 4	6 4	6 4	6 4	6 4	6 3	6 2	6 0
,, 27	5 48	5 41	5 45	5 48	5 53	5 56	5 58	6 0	6 2	6 4	6 6	6 7	6 10	6 12
Apr. 3	5 33	5 20	5 27	5 33	5 41	5 47	5 52	5 56	6 0	6 3	6 7	6 12	6 17	6 23
,, 10	5 17	4 59	5 10	5 18	5 30	5 39	5 46	5 52	5 58	6 3	6 9	6 15	6 24	6 34
,, 17	5 1	4 38	4 53	5 4	5 20	5 31	5 41	5 49	5 56	6 4	6 11	6 20	6 31	6 45
,, 24	4 47	4 18	4 36	4 50	5 10	5 24	5 36	5 46	5 55	6 4	6 13	6 24	6 38	6 55
May 1	4 33	3 59	4 21	4 37	5 0	5 18	5 31	5 43	5 54	6 5	6 16	6 29	6 45	7 6
,, 8	4 20	3 40	4 6	4 25	4 52	5 12	5 27	5 41	5 53	6 5	6 18	6 33	6 51	7 16
,, 15	4 9	3 23	3 53	4 15	4 45	5 7	5 24	5 39	5 53	6 6	6 21	6 38	6 58	7 26
,, 22	3 59	3 7	3 41	4 6	4 39	5 3	5 22	5 38	5 53	6 8	6 23	6 42	7 4	7 35
,, 29	3 52	2 54	3 32	3 58	4 35	5 0	5 20	5 38	5 54	6 10	6 26	6 46	7 10	7 44
June 5	3 46	2 44	3 25	3 53	4 32	4 59	5 20	5 38	5 55	6 11	6 29	6 49	7 14	7 51
,, 12	3 43	2 38	3 21	3 51	4 31	4 58	5 20	5 39	5 56	6 13	6 31	6 53	7 19	7 55
,, 19	3 42	2 35	3 20	3 50	4 31	4 59	5 21	5 40	5 57	6 15	6 33	6 55	7 21	7 57
,, 26	3 44	2 38	3 22	3 52	4 32	5 1	5 23	5 41	5 59	6 16	6 34	6 56	7 22	7 59
July 3	3 47	2 44	3 27	3 56	4 36	5 3	5 25	5 43	6 0	6 17	6 35	6 56	7 22	7 58
,, 10	3 54	2 54	3 34	4 2	4 40	5 6	5 27	5 45	6 2	6 18	6 36	6 56	7 20	7 56
,, 17	4 2	3 7	3 44	4 9	4 45	5 10	5 30	5 47	6 2	6 18	6 35	6 54	7 17	7 50
,, 24	4 11	3 22	3 55	4 18	4 51	5 14	5 32	5 48	6 3	6 17	6 33	6 50	7 12	7 43
,, 31	4 21	3 37	4 6	4 27	4 57	5 18	5 35	5 49	6 3	6 16	6 30	6 46	7 6	7 33
Aug. 7	4 32	3 53	4 19	4 37	5 4	5 22	5 37	5 50	6 2	6 14	6 27	6 41	6 59	7 23
,, 14	4 43	4 11	4 32	4 48	5 10	5 27	5 39	5 51	6 1	6 11	6 22	6 34	6 49	7 10
,, 21	4 53	4 28	4 45	4 58	5 17	5 31	5 41	5 51	6 0	6 8	6 18	6 28	6 40	6 57
,, 28	5 5	4 45	4 58	5 8	5 24	5 35	5 43	5 51	5 58	6 5	6 12	6 21	6 31	6 44
Sept. 4	5 16	5 1	5 11	5 19	5 30	5 38	5 45	5 51	5 56	6 1	6 6	6 12	6 19	6 29
,, 11	5 28	5 18	5 24	5 29	5 37	5 42	5 46	5 50	5 53	5 57	6 0	6 4	6 8	6 14
,, 18	5 38	5 34	5 37	5 40	5 43	5 46	5 48	5 50	5 51	5 52	5 53	5 55	5 56	5 58
,, 25	5 50	5 51	5 50	5 50	5 50	5 50	5 49	5 49	5 49	5 48	5 47	5 46	5 44	5 42
Oct. 2	6 1	6 7	6 4	6 1	5 57	5 54	5 51	5 49	5 46	5 44	5 41	5 38	5 33	5 28
,, 9	6 13	6 24	6 17	6 12	6 4	5 58	5 53	5 48	5 44	5 40	5 35	5 30	5 23	5 13
,, 16	6 25	6 41	6 31	6 23	6 11	6 2	5 55	5 49	5 42	5 36	5 29	5 21	5 11	4 58
,, 23	6 37	6 59	6 45	6 34	6 19	6 7	5 58	5 49	5 41	5 33	5 24	5 14	5 1	4 44
,, 30	6 49	7 17	6 59	6 46	6 27	6 12	6 1	5 50	5 40	5 30	5 20	5 7	4 52	4 31
Nov. 6	7 2	7 35	7 13	6 58	6 35	6 18	6 4	5 52	5 40	5 29	5 16	5 2	4 44	4 19
,, 13	7 14	7 52	7 27	7 9	6 43	6 23	6 8	5 54	5 41	5 28	5 14	4 57	4 37	4 8
,, 20	7 26	8 9	7 41	7 20	6 51	6 29	6 12	5 57	5 42	5 27	5 12	4 53	4 31	3 58
,, 27	7 37	8 26	7 54	7 31	6 58	6 35	6 16	6 0	5 44	5 29	5 12	4 52	4 27	3 52
Dec. 4	7 47	8 40	8 5	7 40	7 5	6 40	6 20	6 3	5 47	5 30	5 12	4 51	4 25	3 47
,, 11	7 56	8 51	8 15	7 48	7 12	6 45	6 25	6 7	5 50	5 32	5 14	4 52	4 25	3 45
,, 18	8 2	8 59	8 21	7 54	7 17	6 50	6 29	6 10	5 53	5 36	5 17	4 55	4 27	3 46
,, 25	8 6	9 3	8 25	7 57	7 20	6 53	6 32	6 14	5 56	5 39	5 20	4 58	4 30	3 49
2006 Jan. 1	8 6	9 2	8 25	7 59	7 22	6 56	6 35	6 17	6 0	5 42	5 23	5 2	4 35	3 54

Example:—To find the time of Sunrise in Jamaica (Latitude 18° N.) on Wednesday June 15th, 2005. On June 12th L.M.T. = 5h. 20m. + $\frac{2}{10}$ × 19m. = 5h. 24m., on June 19th L.M.T. = 5h. 21m. + $\frac{2}{10}$ × 19m. = 5h. 25m., therefore L.M.T. on June 15th = 5h. 24m. + $\frac{3}{7}$ × 1m. = 5h. 24m. A.M.

LOCAL MEAN TIME OF SUNSET FOR LATITUDES
60° North to 50° South
FOR ALL SUNDAYS IN 2005 (ALL TIMES ARE P.M.)

Date	Northern Latitudes									Southern Latitudes				
	London	60°	55°	50°	40°	30°	20°	10°	0°	10°	20°	30°	40°	50°
	H M	H M	H M	H M	H M	H M	H M	H M	H M	H M	H M	H M	H M	H M
2004 Dec. 26	3 56	2 58	3 36	4 3	4 41	5 7	5 28	5 47	6 5	6 22	6 40	7 3	7 31	8 11
2005 Jan. 2	4 3	3 6	3 44	4 10	4 46	5 12	5 33	5 51	6 8	6 25	6 43	7 5	7 32	8 12
,, 9	4 11	3 19	3 53	4 18	4 53	5 18	5 37	5 55	6 11	6 28	6 44	7 6	7 32	8 10
,, 16	4 21	3 34	4 5	4 28	5 0	5 23	5 42	5 58	6 13	6 29	6 45	7 5	7 29	8 5
,, 23	4 33	3 51	4 18	4 39	5 8	5 29	5 46	6 1	6 15	6 30	6 45	7 3	7 25	7 57
,, 30	4 45	4 9	4 32	4 51	5 17	5 35	5 51	6 4	6 17	6 30	6 44	7 0	7 20	7 48
Feb. 6	4 58	4 27	4 47	5 3	5 25	5 41	5 55	6 7	6 18	6 29	6 41	6 55	7 13	7 37
,, 13	5 10	4 45	5 2	5 15	5 33	5 47	5 58	6 8	6 18	6 27	6 38	6 49	7 4	7 25
,, 20	5 23	5 4	5 17	5 27	5 41	5 53	6 1	6 9	6 17	6 25	6 34	6 43	6 55	7 12
,, 27	5 36	5 22	5 31	5 38	5 49	5 58	6 4	6 10	6 16	6 22	6 29	6 36	6 45	6 58
Mar. 6	5 48	5 39	5 45	5 50	5 57	6 3	6 7	6 11	6 15	6 19	6 23	6 28	6 34	6 43
,, 13	6 0	5 57	5 59	6 1	6 5	6 7	6 9	6 11	6 13	6 15	6 17	6 20	6 23	6 28
,, 20	6 12	6 14	6 13	6 13	6 12	6 11	6 11	6 11	6 11	6 11	6 11	6 12	6 13	6 14
,, 27	6 24	6 31	6 27	6 24	6 19	6 16	6 13	6 11	6 9	6 7	6 5	6 3	6 1	5 58
Apr. 3	6 36	6 48	6 41	6 35	6 26	6 20	6 15	6 11	6 7	6 2	5 58	5 54	5 48	5 43
,, 10	6 47	7 5	6 54	6 46	6 33	6 24	6 17	6 11	6 5	5 58	5 53	5 47	5 38	5 28
,, 17	6 59	7 22	7 7	6 57	6 40	6 28	6 19	6 11	6 3	5 55	5 48	5 39	5 28	5 13
,, 24	7 11	7 40	7 21	7 8	6 47	6 33	6 21	6 11	6 2	5 52	5 43	5 32	5 19	5 0
May 1	7 23	7 57	7 35	7 18	6 54	6 37	6 23	6 12	6 0	5 50	5 39	5 26	5 10	4 48
,, 8	7 33	8 15	7 48	7 29	7 1	6 42	6 26	6 13	6 0	5 48	5 34	5 19	5 1	4 36
,, 15	7 44	8 31	8 1	7 39	7 8	6 46	6 29	6 14	6 0	5 46	5 31	5 14	4 53	4 25
,, 22	7 55	8 47	8 13	7 48	7 14	6 51	6 32	6 15	6 0	5 45	5 29	5 11	4 49	4 17
,, 29	8 4	9 2	8 23	7 57	7 20	6 55	6 35	6 17	6 1	5 45	5 28	5 9	4 45	4 11
June 5	8 11	9 14	8 32	8 4	7 25	6 58	6 37	6 19	6 2	5 45	5 27	5 7	4 42	4 6
,, 12	8 17	9 22	8 39	8 9	7 29	7 1	6 39	6 21	6 3	5 47	5 28	5 7	4 41	4 4
,, 19	8 20	9 27	8 42	8 12	7 32	7 4	6 41	6 22	6 5	5 48	5 29	5 8	4 41	4 3
,, 26	8 21	9 28	8 43	8 13	7 33	7 5	6 43	6 24	6 6	5 49	5 30	5 9	4 43	4 5
July 3	8 20	9 24	8 40	8 12	7 32	7 5	6 44	6 25	6 8	5 50	5 32	5 11	4 45	4 9
,, 10	8 16	9 15	8 35	8 8	7 30	7 4	6 43	6 26	6 9	5 52	5 35	5 15	4 50	4 15
,, 17	8 10	9 4	8 28	8 2	7 27	7 2	6 42	6 25	6 10	5 54	5 38	5 19	4 56	4 23
,, 24	8 1	8 50	8 17	7 54	7 22	6 59	6 40	6 24	6 10	5 56	5 40	5 23	5 1	4 31
,, 31	7 51	8 34	8 5	7 44	7 15	6 54	6 37	6 23	6 10	5 57	5 43	5 27	5 7	4 40
Aug. 7	7 39	8 16	7 51	7 33	7 7	6 48	6 34	6 21	6 9	5 58	5 45	5 31	5 13	4 49
,, 14	7 26	7 57	7 36	7 21	6 58	6 42	6 30	6 18	6 8	5 58	5 47	5 35	5 20	4 59
,, 21	7 12	7 37	7 20	7 7	6 49	6 35	6 25	6 15	6 6	5 58	5 49	5 39	5 26	5 10
,, 28	6 57	7 16	7 3	6 53	6 38	6 27	6 19	6 11	6 5	5 58	5 51	5 43	5 33	5 20
Sept. 4	6 41	6 55	6 45	6 38	6 27	6 19	6 13	6 7	6 2	5 58	5 52	5 47	5 40	5 30
,, 11	6 26	6 34	6 27	6 23	6 16	6 11	6 7	6 3	6 0	5 57	5 54	5 50	5 46	5 41
,, 18	6 9	6 13	6 10	6 8	6 4	6 2	6 0	5 59	5 57	5 56	5 55	5 54	5 53	5 51
,, 25	5 53	5 52	5 52	5 52	5 53	5 53	5 54	5 54	5 55	5 56	5 57	5 58	6 0	6 2
Oct. 2	5 37	5 31	5 34	5 37	5 41	5 45	5 48	5 50	5 53	5 56	5 58	6 2	6 6	6 12
,, 9	5 22	5 10	5 16	5 22	5 30	5 37	5 42	5 46	5 51	5 56	6 0	6 6	6 13	6 23
,, 16	5 6	4 49	4 59	5 8	5 20	5 29	5 36	5 43	5 49	5 56	6 3	6 11	6 21	6 35
,, 23	4 51	4 29	4 43	4 54	5 10	5 21	5 31	5 40	5 48	5 56	6 5	6 15	6 28	6 46
,, 30	4 38	4 10	4 28	4 41	5 0	5 15	5 27	5 38	5 47	5 57	6 8	6 20	6 36	6 58
Nov. 6	4 26	3 52	4 13	4 29	4 52	5 10	5 23	5 36	5 47	5 59	6 12	6 26	6 44	7 10
,, 13	4 15	3 36	4 0	4 19	4 46	5 5	5 21	5 35	5 48	6 1	6 15	6 32	6 53	7 22
,, 20	4 5	3 21	3 50	4 10	4 41	5 2	5 20	5 35	5 49	6 4	6 19	6 38	7 1	7 33
,, 27	3 58	3 9	3 41	4 4	4 37	5 0	5 19	5 36	5 51	6 7	6 24	6 44	7 9	7 44
Dec. 4	3 53	3 0	3 35	4 0	4 35	5 0	5 20	5 38	5 54	6 11	6 29	6 49	7 16	7 54
,, 11	3 51	2 54	3 32	3 58	4 35	5 1	5 22	5 40	5 57	6 14	6 33	6 55	7 22	8 2
,, 18	3 52	2 53	3 32	3 59	4 37	5 3	5 25	5 43	6 0	6 18	6 37	6 59	7 27	8 8
,, 25	3 55	2 57	3 36	4 3	4 40	5 7	5 28	5 46	6 4	6 21	6 40	7 2	7 30	8 11
2006 Jan. 1	4 1	3 5	3 42	4 9	4 45	5 11	5 32	5 50	6 8	6 25	6 43	7 4	7 32	8 11

Example:—To find the time of Sunset in Canberra (Latitude 35·3° S.) on Friday, July 29th, 2005. On July 24th L.M.T. = 5h. 23m. − $\frac{5\cdot3}{10}$ × 22m. = 5h. 11m., on July 31st L.M.T. = 5h. 27m. − $\frac{5\cdot3}{10}$ × 20m. = 5h. 16m. therefore, L.M.T. on July 29th = 5h. 11m. + $\frac{5}{7}$ × 5m. = 5h. 15m. P.M.

TABLES OF HOUSES FOR LONDON, Latitude 51º 32' *N.*

Sidereal Time. H. M. S.	10 ♈ º	11 ♉ º	12 ♊ º	Ascen ♋ º	Ascen '	2 ♌ º	3 ♍ º
0 0 0	0	9	22	26	36	12	3
0 3 40	1	10	23	27	17	13	3
0 7 20	2	11	24	27	56	14	4
0 11 0	3	12	25	28	42	15	5
0 14 41	4	13	25	29	17	15	6
0 18 21	5	14	26	29	55	16	7
0 22 2	6	15	27	0♌	34	17	8
0 25 42	7	16	28	1	14	18	8
0 29 23	8	17	29	1	55	18	9
0 33 4	9	18	♋	2	33	19	10
0 36 45	10	19	1	3	14	20	11
0 40 26	11	20	1	3	54	20	12
0 44 8	12	21	2	4	33	21	13
0 47 50	13	22	3	5	12	22	14
0 51 32	14	23	4	5	52	23	15
0 55 14	15	24	5	6	30	23	15
0 58 57	16	25	6	7	9	24	16
1 2 40	17	26	6	7	50	25	17
1 6 23	18	27	7	8	30	26	18
1 10 7	19	28	8	9	9	26	19
1 13 51	20	29	9	9	48	27	19
1 17 35	21	♊	10	10	28	28	20
1 21 20	22	1	10	11	8	28	21
1 25 6	23	2	11	11	48	29	22
1 28 52	24	3	12	12	28	♍	23
1 32 38	25	4	13	13	8	1	24
1 36 25	26	5	14	13	48	1	25
1 40 12	27	6	14	14	28	2	25
1 44 0	28	7	15	15	8	3	26
1 47 48	29	8	16	15	48	4	27
1 51 37	30	9	17	16	28	4	28

Sidereal Time. H. M. S.	10 ♉ º	11 ♊ º	12 ♋ º	Ascen ♌ º	Ascen '	2 ♍ º	3 ♍ º
1 51 37	0	9	17	16	28	4	28
1 55 27	1	10	18	17	8	5	29
1 59 17	2	11	19	17	48	6	♎
2 3 8	3	12	19	18	28	7	1
2 6 59	4	13	20	19	9	8	2
2 10 51	5	14	21	19	49	9	2
2 14 44	6	15	22	20	29	9	3
2 18 37	7	16	22	21	10	10	4
2 22 31	8	17	23	21	51	11	5
2 26 25	9	18	24	22	32	11	6
2 30 20	10	19	25	23	14	12	7
2 34 16	11	20	25	23	55	13	8
2 38 13	12	21	26	24	36	14	9
2 42 10	13	22	27	25	17	15	10
2 46 8	14	23	28	25	58	15	11
2 50 7	15	24	29	26	40	16	12
2 54 7	16	25	29	27	22	17	12
2 58 7	17	26	♌	28	4	18	13
3 2 8	18	27	1	28	46	18	14
3 6 9	19	27	2	29	28	19	15
3 10 12	20	28	3	0♍	12	20	16
3 14 15	21	29	3	0	54	21	17
3 18 19	22	♋	4	1	36	22	18
3 22 23	23	1	5	2	20	22	19
3 26 29	24	2	6	3	2	23	20
3 30 35	25	3	7	3	45	24	21
3 34 41	26	4	7	4	28	25	22
3 38 49	27	5	8	5	11	26	23
3 42 57	28	6	9	5	54	27	24
3 47 6	29	7	10	6	38	27	25
3 51 15	30	8	11	7	21	28	25

Sidereal Time. H. M. S.	10 ♊ º	11 ♋ º	12 ♌ º	Ascen ♍ º	Ascen '	2 ♍ º	3 ♎ º
3 51 15	0	8	11	7	21	28	25
3 55 25	1	9	12	8	5	29	26
3 59 36	2	10	12	8	49	♎	27
4 3 48	3	10	13	9	33	1	28
4 8 0	4	11	14	10	17	2	29
4 12 13	5	12	15	11	2	2	♏
4 16 26	6	13	16	11	46	3	1
4 20 40	7	14	17	12	30	4	2
4 24 55	8	15	17	13	15	5	3
4 29 10	9	16	18	14	0	6	4
4 33 26	10	17	19	14	45	7	5
4 37 42	11	18	20	15	30	8	6
4 41 59	12	19	21	16	15	8	7
4 46 16	13	20	21	17	0	9	8
4 50 34	14	21	22	17	45	10	9
4 54 52	15	22	23	18	30	11	10
4 59 10	16	23	24	19	16	12	11
5 3 29	17	24	25	20	3	13	12
5 7 49	18	25	26	20	49	14	13
5 12 9	19	25	27	21	35	14	14
5 16 29	20	26	28	22	20	15	14
5 20 49	21	27	28	23	6	16	15
5 25 9	22	28	29	23	51	17	16
5 29 30	23	29	♏	24	37	18	17
5 33 51	24	♌	1	25	23	19	18
5 38 12	25	1	2	26	9	20	19
5 42 34	26	2	3	26	55	21	20
5 46 55	27	3	4	27	41	21	21
5 51 17	28	4	4	28	27	22	22
5 55 38	29	5	5	29	13	23	23
6 0 0	30	6	6	30	0	24	24

Sidereal Time. H. M. S.	10 ♋ º	11 ♌ º	12 ♍ º	Ascen ♎ º	Ascen '	2 ♎ º	3 ♏ º
6 0 0	0	6	6	0	0	24	24
6 4 22	1	7	7	0	47	25	25
6 8 43	2	8	8	1	33	26	26
6 13 5	3	9	9	2	19	27	27
6 17 26	4	10	10	3	5	27	28
6 21 48	5	11	10	3	51	28	29
6 26 9	6	12	11	4	37	29	♐
6 30 30	7	13	12	5	23	♏	1
6 34 51	8	14	13	6	9	1	2
6 39 11	9	15	14	6	55	2	3
6 43 31	10	16	15	7	40	2	4
6 47 51	11	16	16	8	26	3	4
6 52 11	12	17	16	9	12	4	5
6 56 31	13	18	17	9	58	5	6
7 0 50	14	19	18	10	43	6	7
7 5 8	15	20	19	11	28	7	8
7 9 26	16	21	20	12	14	8	9
7 13 44	17	22	21	12	59	8	10
7 18 1	18	23	22	13	45	9	11
7 22 18	19	24	23	14	30	10	12
7 26 34	20	25	24	15	15	11	13
7 30 50	21	26	25	16	0	12	14
7 35 5	22	27	25	16	45	13	15
7 39 20	23	28	26	17	30	13	16
7 43 34	24	29	27	18	15	14	17
7 47 47	25	♍	28	18	59	15	18
7 52 0	26	1	29	19	43	16	19
7 56 12	27	2	29	20	27	17	20
8 0 24	28	3	♎	21	11	18	20
8 4 35	29	4	1	21	56	18	21
8 8 45	30	5	2	22	40	19	22

Sidereal Time. H. M. S.	10 ♌ º	11 ♍ º	12 ♎ º	Ascen ♎ º	Ascen '	2 ♏ º	3 ♐ º
8 8 45	0	5	2	22	40	19	22
8 12 54	1	5	3	23	24	20	23
8 17 3	2	6	3	24	7	21	24
8 21 11	3	7	4	24	50	22	25
8 25 19	4	8	5	25	34	23	26
8 29 26	5	9	6	26	18	23	27
8 33 31	6	10	7	27	1	24	28
8 37 37	7	11	8	27	44	25	29
8 41 41	8	12	8	28	26	26	♑
8 45 45	9	13	9	29	8	27	1
8 49 48	10	14	10	29	50	27	2
8 53 51	11	15	11	0♏	32	28	3
8 57 52	12	16	12	1	15	29	4
9 1 53	13	17	12	1	58	♐	4
9 5 53	14	18	13	2	39	1	5
9 9 53	15	18	14	3	21	1	6
9 13 52	16	19	15	4	3	2	7
9 17 50	17	20	16	4	44	3	8
9 21 47	18	21	16	5	26	3	9
9 25 44	19	22	17	6	7	4	10
9 29 40	20	23	18	6	48	5	11
9 33 35	21	24	18	7	29	5	12
9 37 29	22	25	19	8	9	6	13
9 41 23	23	26	20	8	50	7	14
9 45 16	24	27	21	9	31	8	15
9 49 9	25	28	22	10	11	9	16
9 53 1	26	28	23	10	51	9	17
9 56 52	27	29	23	11	32	10	18
10 0 43	28	♎	24	12	12	11	19
10 4 33	29	1	25	12	53	12	20
10 8 23	30	2	26	13	33	13	20

Sidereal Time. H. M. S.	10 ♍ º	11 ♎ º	12 ♎ º	Ascen ♏ º	Ascen '	2 ♐ º	3 ♑ º
10 8 23	0	2	26	13	33	13	20
10 12 12	1	3	26	14	13	14	21
10 16 0	2	4	27	14	53	15	22
10 19 48	3	5	28	15	33	15	23
10 23 35	4	5	29	16	13	16	24
10 27 22	5	6	29	16	52	17	25
10 31 8	6	7	♏	17	32	18	26
10 34 54	7	8	1	18	12	19	27
10 38 40	8	9	2	18	52	20	28
10 42 25	9	10	2	19	31	20	29
10 46 9	10	11	3	20	11	21	♒
10 49 53	11	11	4	20	50	22	1
10 53 37	12	12	4	21	30	23	2
10 57 20	13	13	5	22	9	24	3
11 1 3	14	14	6	22	49	24	4
11 4 46	15	15	7	23	28	25	5
11 8 28	16	16	7	24	8	26	6
11 12 10	17	17	8	24	47	27	8
11 15 52	18	17	9	25	27	28	9
11 19 34	19	18	10	26	6	29	10
11 23 15	20	19	10	26	45	♑	11
11 26 56	21	20	11	27	25	0	12
11 30 37	22	21	12	28	5	1	13
11 34 18	23	22	13	28	44	2	14
11 37 58	24	23	13	29	24	3	15
11 41 39	25	23	14	0♐	3	4	16
11 45 19	26	24	15	0	43	5	17
11 49 0	27	25	15	1	23	6	18
11 52 40	28	26	16	2	3	6	19
11 56 20	29	27	17	2	43	7	20
12 0 0	30	27	17	3	23	8	21

TABLES OF HOUSES FOR LONDON, *Latitude* 51° 32' *N.*

Sidereal Time	10 ♎	11 ♎	12 ♏	Ascen ♐	2 ♑	3 ♒
H. M. S.	°	°	°	° '	°	°
12 0 0	0	27	17	3 23	8	21
12 3 40	1	28	18	4 4	9	23
12 7 20	2	29	19	4 45	10	24
12 11 0	3	♏	20	5 26	11	25
12 14 41	4	1	20	6 7	12	26
12 18 21	5	1	21	6 48	13	27
12 22 2	6	2	22	7 29	14	28
12 25 42	7	3	23	8 10	15	29
12 29 23	8	4	23	8 51	16	♓
12 33 4	9	5	24	9 33	17	2
12 36 45	10	6	25	10 15	18	3
12 40 26	11	6	25	10 57	19	4
12 44 8	12	7	26	11 40	20	5
12 47 50	13	8	27	12 22	21	6
12 51 32	14	9	28	13 4	22	7
12 55 14	15	10	28	13 47	23	9
12 58 57	16	11	29	14 30	24	10
13 2 40	17	11	♐	15 14	25	11
13 6 23	18	12	1	15 59	26	12
13 10 7	19	13	1	16 44	27	13
13 13 51	20	14	2	17 29	28	15
13 17 35	21	15	3	18 14	29	16
13 21 20	22	16	4	19 0	♒	17
13 25 6	23	16	4	19 45	1	18
13 28 52	24	17	5	20 31	2	20
13 32 38	25	18	6	21 18	4	21
13 36 25	26	19	7	22 6	5	22
13 40 12	27	20	7	22 54	6	23
13 44 0	28	21	8	23 42	7	25
13 47 48	29	21	9	24 31	8	26
13 51 37	30	22	10	25 20	10	27

Sidereal Time	10 ♏	11 ♏	12 ♐	Ascen ♐	2 ♒	3 ♓
H. M. S.	°	°	°	° '	°	°
13 51 37	0	22	10	25 20	10	27
13 55 27	1	23	11	26 10	11	28
13 59 17	2	24	11	27 2	12	♈
14 3 8	3	25	12	27 53	14	1
14 6 59	4	26	13	28 45	15	2
14 10 51	5	26	14	29 36	16	4
14 14 44	6	27	15	0♑29	18	5
14 18 37	7	28	15	1 23	19	6
14 22 31	8	29	16	2 18	20	8
14 26 25	9	♐	17	3 14	22	9
14 30 20	10	1	18	4 11	23	10
14 34 16	11	2	19	5 9	25	11
14 38 13	12	2	20	6 7	26	13
14 42 10	13	3	20	7 6	28	14
14 46 8	14	4	21	8 6	29	15
14 50 7	15	5	22	9 8	♓	17
14 54 7	16	6	23	10 11	2	18
14 58 7	17	7	24	11 15	4	19
15 2 8	18	8	25	12 20	6	21
15 6 9	19	9	26	13 27	8	22
15 10 12	20	9	27	14 35	9	23
15 14 15	21	10	27	15 43	11	24
15 18 19	22	11	28	16 52	13	26
15 22 23	23	12	29	18 3	14	27
15 26 29	24	13	♑	19 16	16	28
15 30 35	25	14	1	20 32	17	29
15 34 41	26	15	2	21 48	19	♉
15 38 49	27	16	3	23 8	21	2
15 42 57	28	17	4	24 29	22	3
15 47 6	29	18	5	25 51	24	5
15 51 15	30	18	6	27 15	26	6

Sidereal Time	10 ♐	11 ♐	12 ♑	Ascen ♑	2 ♓	3 ♉
H. M. S.	°	°	°	° '	°	°
15 51 15	0	18	6	27 15	26	6
15 55 25	1	19	7	28 42	28	7
15 59 36	2	20	8	0♒11	♈	9
16 3 48	3	21	9	1 42	2	10
16 8 0	4	22	10	3 16	3	11
16 12 13	5	23	11	4 53	5	12
16 16 26	6	24	12	6 32	7	14
16 20 40	7	25	13	8 13	9	15
16 24 55	8	26	14	9 57	11	16
16 29 10	9	27	16	11 44	12	17
16 33 26	10	28	17	13 34	14	18
16 37 42	11	29	18	15 26	16	20
16 41 59	12	♑	19	17 20	18	21
16 46 16	13	1	20	19 18	20	22
16 50 34	14	2	21	21 22	21	23
16 54 52	15	3	22	23 29	23	25
16 59 10	16	4	24	25 36	25	26
17 3 29	17	5	25	27 46	27	27
17 7 49	18	6	26	0♓0	28	28
17 12 9	19	7	27	2 19	♉	29
17 16 29	20	8	29	4 40	2	♊
17 20 49	21	9	♒	7 2	3	1
17 25 9	22	10	1	9 26	5	2
17 29 30	23	11	3	11 54	7	3
17 33 51	24	12	4	14 24	8	5
17 38 12	25	13	5	17 0	10	6
17 42 34	26	14	7	19 33	11	7
17 46 55	27	15	8	22 6	13	8
17 51 17	28	16	10	24 40	14	9
17 55 38	29	17	11	27 20	16	10
18 0 0	30	18	13	30 0	17	11

Sidereal Time	10 ♑	11 ♑	12 ♒	Ascen ♈	2 ♉	3 ♊
H. M. S.	°	°	°	° '	°	°
18 0 0	0	18	13	0 0	17	11
18 4 22	1	20	14	2 39	19	13
18 8 43	2	21	16	5 19	20	14
18 13 5	3	22	17	7 55	22	15
18 17 26	4	23	19	10 29	23	16
18 21 48	5	24	20	13 2	25	17
18 26 9	6	25	22	15 36	26	18
18 30 30	7	26	23	18 6	28	19
18 34 51	8	27	25	20 34	29	20
18 39 11	9	29	27	22 59	♊	21
18 43 31	10	♒	28	25 22	1	22
18 47 51	11	1	♓	27 42	2	23
18 52 11	12	2	2	29 58	4	24
18 56 31	13	3	3	2♉13	5	25
19 0 50	14	4	5	4 24	6	26
19 5 8	15	6	7	6 30	8	27
19 9 26	16	7	9	8 36	9	28
19 13 44	17	8	10	10 40	10	29
19 18 1	18	9	12	12 39	11	♋
19 22 18	19	10	14	14 35	12	1
19 26 34	20	12	16	16 28	13	2
19 30 50	21	13	18	18 17	14	3
19 35 5	22	14	19	20 3	16	4
19 39 20	23	15	21	21 48	17	5
19 43 34	24	16	23	23 29	18	6
19 47 47	25	18	25	25 9	19	7
19 52 0	26	19	27	26 45	20	8
19 56 12	27	20	28	28 18	21	9
20 0 24	28	21	♈	29 49	22	10
20 4 35	29	23	2	1♊19	23	11
20 8 45	30	24	4	2 45	24	12

Sidereal Time	10 ♒	11 ♒	12 ♈	Ascen ♊	2 ♊	3 ♋
H. M. S.	°	°	°	° '	°	°
20 8 45	0	24	4	2 45	24	12
20 12 54	1	25	6	4 9	25	12
20 17 3	2	27	7	5 32	26	13
20 21 11	3	28	9	6 53	27	14
20 25 19	4	29	11	8 12	28	15
20 29 26	5	♓	13	9 27	29	16
20 33 31	6	2	14	10 43	♋	17
20 37 37	7	3	16	11 58	1	18
20 41 41	8	4	18	13 9	2	19
20 45 45	9	6	19	14 18	3	20
20 49 48	10	7	21	15 25	3	21
20 53 51	11	8	23	16 32	4	21
20 57 52	12	9	24	17 39	5	22
21 1 53	13	11	26	18 44	6	23
21 5 53	14	12	28	19 48	7	24
21 9 53	15	13	29	20 51	8	25
21 13 52	16	15	♉	21 53	9	26
21 17 50	17	16	2	22 53	10	27
21 21 47	18	17	4	23 52	10	28
21 25 44	19	19	5	24 51	11	28
21 29 40	20	20	7	25 48	12	29
21 33 35	21	22	8	26 44	13	♌
21 37 29	22	23	10	27 40	14	1
21 41 23	23	24	11	28 34	15	2
21 45 16	24	25	13	29 29	15	3
21 49 9	25	26	14	0♋22	16	4
21 53 1	26	28	15	1 15	17	4
21 56 52	27	29	16	2 7	18	5
22 0 43	28	♈	18	2 57	19	6
22 4 33	29	2	19	3 48	19	7
22 8 23	30	3	20	4 38	20	8

Sidereal Time	10 ♓	11 ♈	12 ♉	Ascen ♋	2 ♋	3 ♌
H. M. S.	°	°	°	° '	°	°
22 8 23	0	3	20	4 38	20	8
22 12 12	1	4	21	5 28	21	8
22 16 0	2	6	23	6 17	22	9
22 19 48	3	7	24	7 5	23	10
22 23 35	4	8	25	7 53	23	11
22 27 22	5	9	26	8 42	24	12
22 31 8	6	10	28	9 29	25	13
22 34 54	7	12	29	10 16	26	14
22 38 40	8	13	♊	11 2	26	14
22 42 25	9	14	1	11 47	27	15
22 46 9	10	15	2	12 31	28	16
22 49 53	11	17	3	13 16	29	17
22 53 37	12	18	4	14 1	29	18
22 57 20	13	19	5	14 45	♌	19
23 1 3	14	20	6	15 28	1	19
23 4 46	15	21	7	16 11	2	20
23 8 28	16	23	8	16 54	2	21
23 12 10	17	24	9	17 37	3	22
23 15 52	18	25	10	18 20	4	23
23 19 34	19	26	11	19 3	5	24
23 23 15	20	27	12	19 45	5	24
23 26 56	21	29	13	20 26	6	25
23 30 37	22	♉	14	21 8	7	26
23 34 18	23	1	15	21 50	7	27
23 37 58	24	2	16	22 31	8	28
23 41 39	25	3	17	23 12	9	28
23 45 19	26	4	18	23 53	9	29
23 49 0	27	5	19	24 32	10	♍
23 52 40	28	6	20	25 15	11	1
23 56 20	29	8	21	25 56	12	2
24 0 0	30	9	22	26 36	13	3

TABLES OF HOUSES FOR LIVERPOOL, *Latitude* 53° 25' N.

Sidereal Time. H. M. S.	10 ♈ °	11 ♉ °	12 ♊ °	Ascen ♋ ° '	2 ♌ °	3 ♍ °
0 0 0	0	9	24	28 12	14	3
0 3 40	1	10	25	28 51	14	4
0 7 20	2	12	25	29 30	15	4
0 11 0	3	13	26	0 ♌ 9	16	5
0 14 41	4	14	27	0 48	17	6
0 18 21	5	15	28	1 27	17	7
0 22 2	6	16	29	2 6	18	8
0 25 42	7	17	♋	2 44	19	9
0 29 23	8	18	1	3 22	19	10
0 33 4	9	19	1	4 1	20	10
0 36 45	10	20	2	4 39	21	11
0 40 26	11	21	3	5 18	22	12
0 44 8	12	22	4	5 56	22	13
0 47 50	13	23	5	6 34	23	14
0 51 32	14	24	6	7 13	24	14
0 55 14	15	25	6	7 51	24	15
0 58 57	16	26	7	8 30	25	16
1 2 40	17	27	8	9 8	26	17
1 6 23	18	28	9	9 47	26	18
1 10 7	19	29	10	10 25	27	19
1 13 51	20	♊	11	11 4	28	19
1 17 35	21	1	11	11 43	28	20
1 21 20	22	2	12	12 21	29	21
1 25 6	23	3	13	13 0	♍	22
1 28 52	24	4	14	13 39	1	23
1 32 38	25	5	15	14 17	1	24
1 36 25	26	6	15	14 56	2	25
1 40 12	27	7	16	15 35	3	25
1 44 0	28	8	17	16 14	3	26
1 47 48	29	9	18	16 53	4	27
1 51 37	30	10	18	17 32	5	28

Sidereal Time. H. M. S.	10 ♉ °	11 ♊ °	12 ♋ °	Ascen ♌ ° '	2 ♍ °	3 ♍ °
1 51 37	0	10	18	17 32	5	28
1 55 27	1	11	19	18 11	6	29
1 59 17	2	12	20	18 51	6	♎
2 3 8	3	13	21	19 30	7	1
2 6 59	4	14	22	20 9	8	2
2 10 51	5	15	22	20 49	9	2
2 14 44	6	16	23	21 28	9	3
2 18 37	7	17	24	22 8	10	4
2 22 31	8	18	25	22 48	11	5
2 26 25	9	19	25	23 28	12	6
2 30 20	10	20	26	24 8	12	7
2 34 16	11	21	27	24 48	13	8
2 38 13	12	22	28	25 28	14	9
2 42 10	13	23	29	26 8	15	10
2 46 8	14	24	29	26 49	15	10
2 50 7	15	25	♌	27 29	16	11
2 54 7	16	26	1	28 10	17	12
2 58 7	17	27	2	28 51	18	13
3 2 8	18	28	2	29 32	19	14
3 6 9	19	29	3	0 ♍ 13	19	15
3 10 12	20	29	4	0 54	20	16
3 14 15	21	♋	5	1 36	21	17
3 18 19	22	1	5	2 17	22	18
3 22 23	23	2	6	2 59	23	19
3 26 29	24	3	7	3 41	23	20
3 30 35	25	4	8	4 23	24	21
3 34 41	26	5	9	5 5	25	22
3 38 49	27	6	10	5 47	26	22
3 42 57	28	7	10	6 29	27	23
3 47 6	29	8	11	7 12	27	24
3 51 15	30	9	12	7 55	28	25

Sidereal Time. H. M. S.	10 ♊ °	11 ♋ °	12 ♌ °	Ascen ♍ ° '	2 ♍ °	3 ♎ °
3 51 15	0	9	12	7 55	28	25
3 55 25	1	10	13	8 37	29	26
3 59 36	2	11	13	9 20	♎	27
4 3 48	3	12	14	10 3	1	28
4 8 0	4	12	15	10 46	2	29
4 12 13	5	13	16	11 30	2	♏
4 16 26	6	14	17	12 13	3	1
4 20 40	7	15	18	12 56	4	2
4 24 55	8	16	18	13 40	5	3
4 29 10	9	17	19	14 24	6	4
4 33 26	10	18	20	15 8	7	5
4 37 42	11	19	21	15 52	7	6
4 41 59	12	20	21	16 36	8	6
4 46 16	13	21	22	17 20	9	7
4 50 34	14	22	23	18 4	10	8
4 54 52	15	23	24	18 48	11	9
4 59 10	16	24	25	19 32	12	10
5 3 29	17	24	26	20 17	12	11
5 7 49	18	25	26	21 1	13	12
5 12 9	19	26	27	21 46	14	13
5 16 29	20	27	28	22 31	15	14
5 20 49	21	28	29	23 16	16	15
5 25 9	22	29	♍	24 0	17	16
5 29 30	23	♌	1	24 45	18	17
5 33 51	24	1	1	25 30	18	18
5 38 12	25	2	2	26 15	19	19
5 42 34	26	3	3	27 0	20	20
5 46 55	27	4	4	27 45	21	21
5 51 17	28	5	5	28 30	22	21
5 55 38	29	6	6	29 15	23	22
6 0 0	30	7	7	30 0	23	23

Sidereal Time. H. M. S.	10 ♋ °	11 ♌ °	12 ♍ °	Ascen ♎ ° '	2 ♎ °	3 ♏ °
6 0 0	0	7	7	0 0	23	23
6 4 22	1	8	7	0 45	24	24
6 8 43	2	9	8	1 30	25	25
6 13 5	3	9	9	2 15	26	26
6 17 26	4	10	10	3 0	27	27
6 21 48	5	11	11	3 45	28	28
6 26 9	6	12	12	4 30	29	29
6 30 30	7	13	12	5 15	29	♐
6 34 51	8	14	13	6 0	♏	1
6 39 11	9	15	14	6 44	1	2
6 43 31	10	16	15	7 29	2	3
6 47 51	11	17	16	8 14	3	4
6 52 11	12	18	17	8 59	4	5
6 56 31	13	19	18	9 43	4	6
7 0 50	14	20	18	10 27	5	6
7 5 8	15	21	19	11 11	6	7
7 9 26	16	22	20	11 56	7	8
7 13 44	17	23	21	12 40	8	9
7 18 1	18	24	22	13 24	8	10
7 22 18	19	24	23	14 8	9	11
7 26 34	20	25	23	14 52	10	12
7 30 50	21	26	24	15 36	11	13
7 35 5	22	27	25	16 20	12	14
7 39 20	23	28	26	17 4	13	15
7 43 34	24	29	27	17 47	13	16
7 47 47	25	♍	28	18 30	14	17
7 52 0	26	1	28	19 13	15	18
7 56 12	27	2	29	19 57	16	18
8 0 24	28	3	♎	20 40	17	19
8 4 35	29	4	1	21 23	17	20
8 8 45	30	5	2	22 5	18	21

Sidereal Time. H. M. S.	10 ♌ °	11 ♍ °	12 ♎ °	Ascen ♎ ° '	2 ♏ °	3 ♐ °
8 8 45	0	5	2	22 5	18	21
8 12 54	1	6	2	22 48	19	22
8 17 3	2	7	3	23 30	20	23
8 21 11	3	8	4	24 13	20	24
8 25 19	4	8	5	24 55	21	25
8 29 26	5	9	6	25 37	22	26
8 33 31	6	10	7	26 19	23	27
8 37 37	7	11	7	27 1	24	28
8 41 41	8	12	8	27 43	25	29
8 45 45	9	13	9	28 24	25	♑
8 49 48	10	14	10	29 6	26	1
8 53 51	11	15	11	29 47	27	1
8 57 52	12	16	11	0 ♏ 28	28	2
9 1 53	13	17	12	1 9	28	3
9 5 53	14	18	13	1 50	29	4
9 9 53	15	19	14	2 31	♐	5
9 13 52	16	19	15	3 11	1	6
9 17 50	17	20	15	3 52	1	7
9 21 47	18	21	16	4 32	2	8
9 25 44	19	22	17	5 12	3	9
9 29 40	20	23	18	5 52	4	10
9 33 35	21	24	18	6 32	5	11
9 37 29	22	25	19	7 12	5	12
9 41 23	23	26	20	7 52	6	13
9 45 16	24	27	21	8 32	7	14
9 49 9	25	27	21	9 12	8	15
9 53 1	26	28	22	9 51	8	16
9 56 52	27	29	23	10 30	9	17
10 0 43	28	♎	24	11 9	10	17
10 4 33	29	1	24	11 49	11	18
10 8 23	30	2	25	12 28	11	19

Sidereal Time. H. M. S.	10 ♍ °	11 ♎ °	12 ♎ °	Ascen ♏ ° '	2 ♐ °	3 ♑ °
10 8 23	0	2	25	12 28	11	19
10 12 12	1	3	26	13 6	12	20
10 16 0	2	4	27	13 45	13	21
10 19 48	3	4	27	14 25	14	22
10 23 35	4	5	28	15 4	15	23
10 27 22	5	6	29	15 42	15	24
10 31 8	6	7	29	16 21	16	25
10 34 54	7	8	♏	17 0	17	26
10 38 40	8	9	1	17 39	18	27
10 42 25	9	10	2	18 17	18	28
10 46 9	10	10	2	18 55	19	29
10 49 53	11	11	3	19 34	20	♒
10 53 37	12	12	4	20 13	21	1
10 57 20	13	13	4	20 52	22	2
11 1 3	14	14	5	21 30	22	3
11 4 46	15	15	6	22 8	23	5
11 8 28	16	16	7	22 46	24	6
11 12 10	17	16	7	23 25	25	7
11 15 52	18	17	8	24 4	26	8
11 19 34	19	18	9	24 42	26	9
11 23 15	20	19	9	25 21	27	10
11 26 56	21	20	10	25 59	28	11
11 30 37	22	20	11	26 38	29	12
11 34 18	23	21	12	27 16	♑	13
11 37 58	24	22	12	27 54	1	14
11 41 39	25	23	13	28 33	1	15
11 45 19	26	24	14	29 11	2	16
11 49 0	27	25	14	29 50	3	17
11 52 40	28	26	15	0 ♐ 30	4	18
11 56 20	29	26	16	1 9	5	20
12 0 0	30	27	16	1 48	6	21

TABLES OF HOUSES FOR LIVERPOOL, Latitude 53º 25' N.

Sidereal Time.	10 ♎	11 ♎	12 ♏	Ascen ♐	2 ♑	3 ♒
H. M. S.	º	º	º	º '	º	º
12 0 0	0	27	16	1 48	6	21
12 3 40	1	28	17	2 27	7	22
12 7 20	2	29	18	3 6	8	23
12 11 0	3	♏	18	3 46	9	24
12 14 41	4	0	19	4 25	10	25
12 18 21	5	1	20	5 6	10	26
12 22 2	6	2	21	5 46	11	28
12 25 42	7	3	21	6 26	12	29
12 29 23	8	4	22	7 6	13	♓
12 33 4	9	4	23	7 46	14	1
12 36 45	10	5	24	8 27	15	2
12 40 26	11	6	24	9 8	16	3
12 44 8	12	7	25	9 49	17	5
12 47 50	13	8	26	10 30	18	6
12 51 32	14	9	26	11 12	19	7
12 55 14	15	9	27	11 54	20	8
12 58 57	16	10	28	12 36	21	10
13 2 40	17	11	28	13 19	22	11
13 6 23	18	12	29	14 2	23	12
13 10 7	19	13	♐	14 45	25	13
13 13 51	20	13	1	15 28	26	15
13 17 35	21	14	1	16 12	27	16
13 21 20	22	15	2	16 56	28	17
13 25 6	23	16	3	17 41	29	18
13 28 52	24	17	4	18 26	♒	19
13 32 38	25	17	4	19 11	1	21
13 36 25	26	18	5	19 57	3	22
13 40 12	27	19	6	20 44	4	23
13 44 0	28	20	7	21 31	5	24
13 47 48	29	21	7	22 18	7	26
13 51 37	30	21	8	23 6	8	27

Sidereal Time.	10 ♏	11 ♏	12 ♐	Ascen ♐	2 ♒	3 ♓
H. M. S.	º	º	º	º '	º	º
13 51 37	0	21	8	23 6	8	27
13 55 27	1	22	9	23 55	9	28
13 59 17	2	23	10	24 43	10	♈
14 3 8	3	24	10	25 33	12	1
14 6 59	4	25	11	26 23	13	2
14 10 51	5	26	12	27 14	15	4
14 14 44	6	26	13	28 6	16	5
14 18 37	7	27	13	28 59	18	6
14 22 31	8	28	14	29 52	19	8
14 26 25	9	29	15	0♑46	20	9
14 30 20	10	♐	16	1 41	22	10
14 34 16	11	1	17	2 36	23	11
14 38 13	12	2	18	3 33	25	13
14 42 10	13	2	18	4 30	26	14
14 46 8	14	3	19	5 29	28	16
14 50 7	15	4	20	6 29	♓	17
14 54 7	16	5	21	7 30	1	18
14 58 7	17	6	22	8 32	3	20
15 2 8	18	7	23	9 35	5	21
15 6 9	19	8	24	10 39	6	22
15 10 12	20	8	24	11 45	8	23
15 14 15	21	9	25	12 52	10	25
15 18 19	22	10	26	14 1	11	26
15 22 23	23	11	27	15 11	13	27
15 26 29	24	12	28	16 23	15	29
15 30 35	25	13	29	17 37	17	♉
15 34 41	26	14	♑	18 53	19	1
15 38 49	27	15	1	20 10	21	3
15 42 57	28	16	2	21 29	22	4
15 47 6	29	16	3	22 51	24	5
15 51 15	30	17	4	24 15	26	7

Sidereal Time.	10 ♐	11 ♐	12 ♑	Ascen ♑	2 ♓	3 ♉
H. M. S.	º	º	º	º '	º	º
15 51 15	0	17	4	24 15	26	7
15 55 25	1	18	5	25 41	28	8
15 59 36	2	19	6	27 10	♈	9
16 3 48	3	20	7	28 41	2	10
16 8 0	4	21	8	0♒14	4	12
16 12 13	5	22	9	1 50	5	13
16 16 26	6	23	10	3 30	7	14
16 20 40	7	24	11	5 13	9	15
16 24 55	8	25	12	6 58	11	17
16 29 10	9	26	13	8 46	13	18
16 33 26	10	27	14	10 38	15	19
16 37 42	11	28	15	12 32	17	20
16 41 59	12	29	16	14 31	19	22
16 46 16	13	♑	18	16 33	20	23
16 50 34	14	1	19	18 40	22	24
16 54 52	15	2	20	20 50	24	25
16 59 10	16	3	21	23 4	26	26
17 3 29	17	4	22	25 21	28	28
17 7 49	18	5	24	27 42	29	29
17 12 9	19	6	25	0♓ 8	♉	♊
17 16 29	20	7	26	2 37	3	1
17 20 49	21	8	28	5 10	5	3
17 25 9	22	9	29	7 46	6	4
17 29 30	23	10	♒	10 24	8	5
17 33 51	24	11	2	13 7	10	6
17 38 12	25	12	3	15 52	11	7
17 42 34	26	13	4	18 38	13	8
17 46 55	27	14	6	21 27	15	9
17 51 17	28	15	7	24 17	16	10
17 55 38	29	16	9	27 8	18	12
18 0 0	30	17	11	30 0	19	13

Sidereal Time.	10 ♑	11 ♑	12 ♒	Ascen ♈	2 ♉	3 ♊
H. M. S.	º	º	º	º '	º	º
18 0 0	0	17	11	0 0	19	13
18 4 22	1	18	12	2 52	21	14
18 8 43	2	20	14	5 43	23	15
18 13 5	3	21	15	8 33	24	16
18 17 26	4	22	17	11 22	25	17
18 21 48	5	23	19	14 8	27	18
18 26 9	6	24	20	16 53	28	19
18 30 30	7	25	22	19 36	♊	20
18 34 51	8	26	24	22 14	1	21
18 39 11	9	27	25	24 50	2	22
18 43 31	10	29	27	27 23	4	23
18 47 51	11	♒	28	29 52	5	24
18 52 11	12	1	♓	2♉18	6	25
18 56 31	13	2	2	4 39	8	26
19 0 50	14	4	4	6 56	9	27
19 5 8	15	5	6	9 10	10	28
19 9 26	16	6	8	11 20	11	29
19 13 44	17	7	10	13 27	12	♋
19 18 1	18	8	11	15 29	14	1
19 22 18	19	9	13	17 28	15	2
19 26 34	20	11	15	19 22	16	3
19 30 50	21	12	17	21 14	17	4
19 35 5	22	13	19	23 2	18	5
19 39 20	23	15	21	24 47	19	6
19 43 34	24	16	23	26 30	20	7
19 47 47	25	17	25	28 10	21	8
19 52 0	26	18	26	29 46	22	9
19 56 12	27	20	28	1♊19	23	10
20 0 24	28	21	♈	2 50	24	11
20 4 35	29	22	2	4 19	25	12
20 8 45	30	23	4	5 45	26	13

Sidereal Time.	10 ♒	11 ♒	12 ♈	Ascen ♊	2 ♊	3 ♋
H. M. S.	º	º	º	º '	º	º
20 8 45	0	23	4	5 45	26	13
20 12 54	1	25	6	7 9	27	14
20 17 3	2	26	8	8 31	28	14
20 21 11	3	27	9	9 50	29	15
20 25 19	4	29	11	11 7	♋	16
20 29 26	5	♓	13	12 23	1	17
20 33 31	6	1	15	13 37	2	18
20 37 37	7	3	17	14 49	3	19
20 41 41	8	4	19	15 59	4	20
20 45 45	9	5	20	17 8	5	21
20 49 48	10	7	22	18 15	6	22
20 53 51	11	8	24	19 21	7	22
20 57 52	12	10	25	20 25	7	23
21 1 53	13	11	27	21 28	8	24
21 5 53	14	12	29	22 30	9	25
21 9 53	15	13	♉	23 31	10	26
21 13 52	16	14	2	24 31	11	27
21 17 50	17	16	4	25 30	12	28
21 21 47	18	17	5	26 27	12	28
21 25 44	19	18	7	27 24	13	29
21 29 40	20	20	8	28 19	14	♌
21 33 35	21	21	10	29 14	15	1
21 37 29	22	22	11	0♋ 8	16	2
21 41 23	23	24	12	1 1	17	3
21 45 16	24	25	14	1 54	17	4
21 49 9	25	26	15	2 46	18	4
21 53 1	26	28	17	3 37	19	5
21 56 52	27	29	18	4 27	20	6
22 0 43	28	♈	20	5 17	20	7
22 4 33	29	2	21	6 5	21	8
22 8 23	30	3	22	6 54	22	8

Sidereal Time.	10 ♓	11 ♈	12 ♉	Ascen ♋	2 ♋	3 ♌
H. M. S.	º	º	º	º '	º	º
22 8 23	0	3	22	6 54	22	8
22 12 12	1	4	23	7 42	23	9
22 16 0	2	5	25	8 29	23	10
22 19 48	3	7	26	9 16	24	11
22 23 35	4	8	27	10 3	25	12
22 27 22	5	9	29	10 49	26	13
22 31 8	6	11	♊	11 34	26	13
22 34 54	7	12	1	12 19	27	14
22 38 40	8	13	2	13 3	28	15
22 42 25	9	14	3	13 48	29	16
22 46 9	10	16	4	14 32	29	17
22 49 53	11	17	5	15 15	♌	17
22 53 37	12	18	7	15 58	1	18
22 57 20	13	19	8	16 41	2	19
23 1 3	14	20	9	17 24	2	20
23 4 46	15	22	10	18 6	3	21
23 8 28	16	23	11	18 48	4	21
23 12 10	17	24	12	19 30	4	22
23 15 52	18	25	13	20 11	5	23
23 19 34	19	27	14	20 52	6	24
23 23 15	20	28	15	21 33	6	25
23 26 56	21	29	16	22 14	7	26
23 30 37	22	♉	17	22 54	8	26
23 34 18	23	1	18	23 34	9	27
23 37 58	24	2	19	24 14	9	28
23 41 39	25	4	20	24 54	10	29
23 45 19	26	5	21	25 35	11	♍
23 49 0	27	6	22	26 14	11	0
23 52 40	28	7	22	26 54	12	1
23 56 20	29	8	23	27 33	13	2
24 0 0	30	9	24	28 12	14	3

TABLES OF HOUSES FOR NEW YORK, *Latitude* 40º 43' N.

Sidereal Time. H. M. S.	10 ♈ º	11 ♉ º	12 ♊ º	Ascen ♋ º '	2 ♌ º	3 ♍ º
0 0 0	0	6	15	18 53	8	1
0 3 40	1	7	16	19 38	9	2
0 7 20	2	8	17	20 23	10	3
0 11 0	3	9	18	21 12	11	4
0 14 41	4	11	19	21 55	12	5
0 18 21	5	12	20	22 40	12	5
0 22 2	6	13	21	23 24	13	6
0 25 42	7	14	22	24 8	14	7
0 29 23	8	15	23	24 54	15	8
0 33 4	9	16	23	25 37	15	9
0 36 45	10	17	24	26 22	16	10
0 40 26	11	18	25	27 5	17	11
0 44 8	12	19	26	27 50	18	12
0 47 50	13	20	27	28 33	19	13
0 51 32	14	21	28	29 18	19	13
0 55 14	15	22	28	0♌ 3	20	14
0 58 57	16	23	29	0 46	21	15
1 2 40	17	24	♋	1 31	22	16
1 6 23	18	25	1	2 14	22	17
1 10 7	19	26	2	2 58	23	18
1 13 51	20	27	3	3 43	24	19
1 17 35	21	28	3	4 27	25	20
1 21 20	22	29	4	5 12	25	21
1 25 6	23	♊	5	5 56	26	22
1 28 52	24	1	6	6 40	27	22
1 32 38	25	2	7	7 25	28	23
1 36 25	26	2	8	8 9	29	24
1 40 12	27	3	9	8 53	♍	25
1 44 0	28	4	10	9 38	1	26
1 47 48	29	5	10	10 24	1	27
1 51 37	30	6	11	11 8	2	28

Sidereal Time. H. M. S.	10 ♉ º	11 ♊ º	12 ♋ º	Ascen ♌ º '	2 ♍ º	3 ♍ º
1 51 37	0	6	11	11 8	2	28
1 55 27	1	7	12	11 53	3	29
1 59 17	2	8	13	12 38	4	♎
2 3 8	3	9	14	13 22	5	1
2 6 59	4	10	15	14 8	5	2
2 10 51	5	11	15	14 53	6	3
2 14 44	6	12	16	15 39	7	4
2 18 37	7	13	17	16 24	8	4
2 22 31	8	14	18	17 10	9	5
2 26 25	9	15	19	17 56	10	6
2 30 20	10	16	20	18 41	10	7
2 34 16	11	17	20	19 27	11	8
2 38 13	12	18	21	20 14	12	9
2 42 10	13	19	22	21 0	13	10
2 46 8	14	19	23	21 47	14	11
2 50 7	15	20	24	22 33	15	12
2 54 7	16	21	25	23 20	16	13
2 58 7	17	22	25	24 7	17	14
3 2 8	18	23	26	24 54	17	15
3 6 9	19	24	27	25 42	18	16
3 10 12	20	25	28	26 29	19	17
3 14 15	21	26	29	27 17	20	18
3 18 19	22	27	♌	28 4	21	19
3 22 23	23	28	1	28 52	22	20
3 26 29	24	29	1	29 40	23	21
3 30 35	25	♋	2	0♍29	24	22
3 34 41	26	1	3	1 17	24	23
3 38 49	27	2	4	2 6	25	24
3 42 57	28	3	5	2 55	26	25
3 47 6	29	4	6	3 43	27	26
3 51 15	30	5	7	4 32	28	27

Sidereal Time. H. M. S.	10 ♊ º	11 ♋ º	12 ♌ º	Ascen ♍ º '	2 ♍ º	3 ♎ º
3 51 15	0	5	7	4 32	28	27
3 55 25	1	6	8	5 22	29	28
3 59 36	2	6	8	6 10	♎	29
4 3 48	3	7	9	7 0	1	♏
4 8 0	4	8	10	7 49	2	1
4 12 13	5	9	11	8 40	3	2
4 16 26	6	10	12	9 30	4	3
4 20 40	7	11	13	10 19	4	4
4 24 55	8	12	14	11 10	5	5
4 29 10	9	13	15	12 0	6	6
4 33 26	10	14	16	12 51	7	7
4 37 42	11	15	16	13 41	8	8
4 41 59	12	16	17	14 32	9	9
4 46 16	13	17	18	15 23	10	10
4 50 34	14	18	19	16 14	11	11
4 54 52	15	19	20	17 5	12	12
4 59 10	16	20	21	17 56	13	13
5 3 29	17	21	22	18 47	14	14
5 7 49	18	22	23	19 39	15	15
5 12 9	19	23	24	20 30	16	16
5 16 29	20	24	25	21 22	17	17
5 20 49	21	25	25	22 13	18	18
5 25 9	22	26	26	23 5	18	19
5 29 30	23	27	27	23 57	19	20
5 33 51	24	28	28	24 49	20	21
5 38 12	25	29	29	25 40	21	22
5 42 34	26	♌	♍	26 32	22	22
5 46 55	27	1	1	27 25	23	23
5 51 17	28	2	2	28 16	24	24
5 55 38	29	3	3	29 8	25	25
6 0 0	30	4	4	30 0	26	26

Sidereal Time. H. M. S.	10 ♋ º	11 ♌ º	12 ♍ º	Ascen ♎ º '	2 ♎ º	3 ♏ º
6 0 0	0	4	4	0 0	26	26
6 4 22	1	5	5	0 52	27	27
6 8 43	2	6	6	1 44	28	28
6 13 5	3	6	7	2 35	29	29
6 17 26	4	7	8	3 28	♏	♐
6 21 48	5	8	9	4 20	1	1
6 26 9	6	9	10	5 11	2	2
6 30 30	7	10	11	6 3	3	3
6 34 51	8	11	12	6 55	3	4
6 39 11	9	12	13	7 47	4	5
6 43 31	10	13	14	8 38	5	6
6 47 51	11	14	15	9 30	6	7
6 52 11	12	15	15	10 21	7	8
6 56 31	13	16	16	11 13	8	9
7 0 50	14	17	17	12 4	9	10
7 5 8	15	18	18	12 55	10	11
7 9 26	16	19	19	13 46	11	12
7 13 44	17	20	20	14 37	12	13
7 18 1	18	21	21	15 28	13	14
7 22 18	19	22	22	16 19	14	15
7 26 34	20	23	23	17 9	14	16
7 30 50	21	24	23	18 0	15	17
7 35 5	22	25	24	18 50	16	18
7 39 20	23	26	25	19 41	17	19
7 43 34	24	27	26	20 30	18	20
7 47 47	25	28	27	21 20	19	21
7 52 0	26	29	28	22 11	20	22
7 56 12	27	♍	29	23 0	21	23
8 0 24	28	1	♎	23 50	21	24
8 4 35	29	2	1	24 38	22	24
8 8 45	30	3	2	25 28	23	25

Sidereal Time. H. M. S.	10 ♌ º	11 ♍ º	12 ♎ º	Ascen ♎ º '	2 ♏ º	3 ♐ º
8 8 45	0	3	2	25 28	23	25
8 12 54	1	4	3	26 17	24	26
8 17 3	2	5	4	27 5	25	27
8 21 11	3	6	5	27 54	26	28
8 25 19	4	7	6	28 43	27	29
8 29 26	5	8	7	29 31	28	♑
8 33 31	6	9	7	0♏20	28	1
8 37 37	7	10	8	1 8	29	2
8 41 41	8	11	9	1 56	♐	3
8 45 45	9	12	10	2 43	1	4
8 49 48	10	13	11	3 31	2	5
8 53 51	11	14	12	4 18	3	6
8 57 52	12	15	12	5 6	4	7
9 1 53	13	16	13	5 53	5	8
9 5 53	14	17	14	6 40	5	9
9 9 53	15	18	15	7 27	6	10
9 13 52	16	19	16	8 13	7	10
9 17 50	17	20	17	9 0	8	11
9 21 47	18	21	18	9 46	9	12
9 25 44	19	22	19	10 33	10	13
9 29 40	20	23	19	11 19	10	14
9 33 35	21	24	20	12 4	11	15
9 37 29	22	24	21	12 50	12	16
9 41 23	23	25	22	13 36	13	17
9 45 16	24	26	23	14 21	14	18
9 49 9	25	27	24	15 7	15	19
9 53 1	26	28	24	15 52	15	20
9 56 52	27	29	25	16 38	16	21
10 0 43	28	♎	26	17 22	17	22
10 4 33	29	1	27	18 7	18	23
10 8 23	30	2	28	18 52	19	24

Sidereal Time. H. M. S.	10 ♍ º	11 ♎ º	12 ♎ º	Ascen ♏ º '	2 ♐ º	3 ♑ º
10 8 23	0	2	28	18 52	19	24
10 12 12	1	3	29	19 36	20	25
10 16 0	2	4	29	20 22	20	26
10 19 48	3	5	♏	21 7	21	27
10 23 35	4	6	1	21 51	22	28
10 27 22	5	7	1	22 35	23	28
10 31 8	6	7	2	23 20	24	29
10 34 54	7	8	3	24 4	25	♒
10 38 40	8	9	4	24 48	25	1
10 42 25	9	10	5	25 33	26	2
10 46 9	10	11	6	26 17	27	3
10 49 53	11	12	7	27 2	28	4
10 53 37	12	13	7	27 46	29	5
10 57 20	13	14	8	28 29	♑	6
11 1 3	14	15	9	29 14	1	7
11 4 46	15	16	10	29 57	1	8
11 8 28	16	17	11	0♐42	2	9
11 12 10	17	17	11	1 27	3	10
11 15 52	18	18	12	2 10	4	11
11 19 34	19	19	13	2 55	5	12
11 23 15	20	20	14	3 38	6	13
11 26 56	21	21	14	4 23	7	14
11 30 37	22	22	15	5 6	7	15
11 34 18	23	23	16	5 52	8	16
11 37 58	24	23	17	6 36	9	17
11 41 39	25	24	18	7 20	10	18
11 45 19	26	25	18	8 5	11	19
11 49 0	27	26	19	8 48	12	20
11 52 40	28	27	20	9 37	13	22
11 56 20	29	28	21	10 22	14	23
12 0 0	30	29	21	11 7	15	24

TABLES OF HOUSES FOR NEW YORK, Latitude 40° 43' *N.*

Sidereal Time.	10 ♎	11 ♎	12 ♏	Ascen ♐	2 ♑	3 ♒
H. M. S.	°	°	°	° '	°	°
12 0 0	0	29	21	11 7	15	24
12 3 40	1	♏	22	11 52	16	25
12 7 20	2	1	23	12 37	17	26
12 11 0	3	1	24	13 19	17	27
12 14 41	4	2	25	14 7	18	28
12 18 21	5	3	25	14 52	19	29
12 22 2	6	4	26	15 38	20	♓
12 25 42	7	5	27	16 23	21	1
12 29 23	8	6	28	17 11	22	2
12 33 4	9	6	28	17 58	23	3
12 36 45	10	7	29	18 45	24	4
12 40 26	11	8	♐	19 32	25	5
12 44 8	12	9	1	20 20	26	7
12 47 50	13	10	2	21 8	27	8
12 51 32	14	11	2	21 57	28	9
12 55 14	15	12	3	22 43	29	10
12 58 57	16	13	4	23 33	♒	11
13 2 40	17	13	5	24 22	1	12
13 6 23	18	14	6	25 11	2	13
13 10 7	19	15	7	26 1	3	15
13 13 51	20	16	7	26 51	5	16
13 17 35	21	17	8	27 40	6	17
13 21 20	22	18	9	28 32	7	18
13 25 6	23	19	10	29 23	8	19
13 28 52	24	19	10	0♑14	9	20
13 32 38	25	20	11	1 7	10	21
13 36 25	26	21	12	2 0	11	23
13 40 12	27	22	13	2 52	12	24
13 44 0	28	23	13	3 46	13	25
13 47 48	29	24	14	4 41	15	26
13 51 37	30	25	15	5 35	16	27

Sidereal Time.	10 ♏	11 ♏	12 ♐	Ascen ♑	2 ♒	3 ♓
H. M. S.	°	°	°	° '	°	°
13 51 37	0	25	15	5 35	16	27
13 55 27	1	25	16	6 30	17	29
13 59 17	2	26	17	7 27	18	♈
14 3 8	3	27	18	8 23	20	1
14 6 59	4	28	18	9 20	21	2
14 10 51	5	29	19	10 18	22	3
14 14 44	6	♐	20	11 16	23	5
14 18 37	7	1	21	12 15	24	6
14 22 31	8	2	22	13 15	26	7
14 26 25	9	2	23	14 16	27	8
14 30 20	10	3	24	15 17	28	9
14 34 16	11	4	24	16 19	♓	11
14 38 13	12	5	25	17 23	1	12
14 42 10	13	6	26	18 27	2	13
14 46 8	14	7	27	19 32	4	14
14 50 7	15	8	28	20 37	5	16
14 54 7	16	9	29	21 44	6	17
14 58 7	17	10	♑	22 51	8	18
15 2 8	18	10	1	23 59	9	19
15 6 9	19	11	2	25 9	11	20
15 10 12	20	12	3	26 19	12	22
15 14 15	21	13	4	27 31	14	23
15 18 19	22	14	5	28 43	15	24
15 22 23	23	15	6	29 57	16	25
15 26 29	24	16	6	1♒14	18	26
15 30 35	25	17	7	2 28	19	28
15 34 41	26	18	8	3 46	21	29
15 38 49	27	19	9	5 5	22	♉
15 42 57	28	20	10	6 25	24	1
15 47 6	29	21	11	7 46	25	3
15 51 15	30	21	13	9 8	27	4

Sidereal Time.	10 ♐	11 ♐	12 ♑	Ascen ♒	2 ♓	3 ♉
H. M. S.	°	°	°	° '	°	°
15 51 15	0	21	13	9 8	27	4
15 55 25	1	22	14	10 31	28	5
15 59 36	2	23	15	11 56	♈	6
16 3 48	3	24	16	13 23	1	7
16 8 0	4	25	17	14 50	3	9
16 12 13	5	26	18	16 9	4	10
16 16 26	6	27	19	17 50	6	11
16 20 40	7	28	20	19 22	7	12
16 24 55	8	29	21	20 56	9	13
16 29 10	9	♑	22	22 30	11	15
16 33 26	10	1	23	24 7	12	16
16 37 42	11	2	24	25 44	14	17
16 41 59	12	3	26	27 23	15	18
16 46 16	13	4	27	29 4	17	19
16 50 34	14	5	28	0♓45	18	20
16 54 52	15	6	29	2 27	20	22
16 59 10	16	7	♒	4 11	21	23
17 3 29	17	8	2	5 56	23	24
17 7 49	18	9	3	7 43	24	25
17 12 9	19	10	4	9 30	26	26
17 16 29	20	11	5	11 18	27	27
17 20 49	21	12	7	13 8	29	28
17 25 9	22	13	8	14 57	♉	♊
17 29 30	23	14	9	16 48	2	1
17 33 51	24	15	10	18 41	3	2
17 38 12	25	16	12	20 33	5	3
17 42 34	26	17	13	22 25	6	4
17 46 55	27	19	14	24 19	7	5
17 51 17	28	20	16	26 12	9	6
17 55 38	29	21	17	28 7	10	7
18 0 0	30	22	18	30 0	12	9

Sidereal Time.	10 ♑	11 ♑	12 ♒	Ascen ♈	2 ♉	3 ♊
H. M. S.	°	°	°	° '	°	°
18 0 0	0	22	18	0 0	12	9
18 4 22	1	23	20	1 53	13	10
18 8 43	2	24	21	3 48	14	11
18 13 5	3	25	23	5 41	16	12
18 17 26	4	26	24	7 35	17	13
18 21 48	5	27	25	9 27	18	14
18 26 9	6	28	27	11 19	20	15
18 30 30	7	29	28	13 12	21	16
18 34 51	8	♒	♓	15 3	22	17
18 39 11	9	2	1	16 52	23	18
18 43 31	10	3	3	18 42	25	19
18 47 51	11	4	4	20 30	26	20
18 52 11	12	5	5	22 17	27	21
18 56 31	13	6	7	24 4	29	22
19 0 50	14	7	9	25 49	♊	23
19 5 8	15	9	10	27 33	1	24
19 9 26	16	10	12	29 15	2	25
19 13 44	17	11	13	0♉56	3	26
19 18 1	18	12	15	2 37	4	27
19 22 18	19	13	16	4 16	6	28
19 26 34	20	14	18	5 53	7	29
19 30 50	21	16	19	7 30	8	♋
19 35 5	22	17	21	9 4	9	1
19 39 20	23	18	22	10 38	10	2
19 43 34	24	19	24	12 10	11	3
19 47 47	25	20	25	13 41	12	4
19 52 0	26	21	27	15 10	13	5
19 56 12	27	23	29	16 37	14	6
20 0 24	28	24	♈	18 4	15	7
20 4 35	29	25	2	19 29	16	8
20 8 45	30	26	3	20 52	17	9

Sidereal Time.	10 ♒	11 ♒	12 ♈	Ascen ♉	2 ♊	3 ♋
H. M. S.	°	°	°	° '	°	°
20 8 45	0	26	3	20 52	17	9
20 12 54	1	27	5	22 14	18	9
20 17 3	2	29	6	23 35	19	10
20 21 11	3	♓	8	24 55	20	11
20 25 19	4	1	9	26 14	21	12
20 29 26	5	2	11	27 32	22	13
20 33 31	6	3	12	28 46	23	14
20 37 37	7	5	14	0♊3	24	15
20 41 41	8	6	15	1 17	25	16
20 45 45	9	7	16	2 29	26	17
20 49 48	10	8	18	3 41	27	18
20 53 51	11	10	19	4 51	28	19
20 57 52	12	11	21	6 1	29	20
21 1 53	13	12	22	7 9	♋	20
21 5 53	14	13	24	8 16	1	21
21 9 53	15	14	25	9 23	2	22
21 13 52	16	16	26	10 30	3	23
21 17 50	17	17	28	11 33	4	24
21 21 47	18	18	29	12 37	5	25
21 25 44	19	19	♉	13 41	6	26
21 29 40	20	21	2	14 43	6	27
21 33 35	21	22	3	15 44	7	28
21 37 29	22	23	4	16 45	8	28
21 41 23	23	24	6	17 45	9	29
21 45 16	24	25	7	18 44	10	♌
21 49 9	25	27	8	19 42	11	1
21 53 1	26	28	9	20 40	12	2
21 56 52	27	29	11	21 37	12	3
22 0 43	28	♈	12	22 33	13	4
22 4 33	29	1	13	23 30	14	5
22 8 23	30	3	14	24 25	15	5

Sidereal Time.	10 ♓	11 ♈	12 ♉	Ascen ♊	2 ♋	3 ♌
H. M. S.	°	°	°	° '	°	°
22 8 23	0	3	14	24 25	15	5
22 12 12	1	4	15	25 19	16	6
22 16 0	2	5	17	26 14	17	7
22 19 48	3	6	18	27 8	17	8
22 23 35	4	7	19	28 0	18	9
22 27 22	5	8	20	28 53	19	10
22 31 8	6	10	21	29 46	20	11
22 34 54	7	11	22	0♋37	21	11
22 38 40	8	12	23	1 28	21	12
22 42 25	9	13	24	2 20	22	13
22 46 9	10	14	25	3 9	23	14
22 49 53	11	15	27	3 59	24	15
22 53 37	12	17	28	4 49	24	16
22 57 20	13	18	29	5 38	25	17
23 1 3	14	19	♊	6 27	26	17
23 4 46	15	20	1	7 17	27	18
23 8 28	16	21	2	8 3	28	19
23 12 10	17	22	3	8 52	28	20
23 15 52	18	23	4	9 40	29	21
23 19 34	19	24	5	10 28	♌	22
23 23 15	20	26	6	11 15	1	23
23 26 56	21	27	7	12 2	2	23
23 30 37	22	28	8	12 49	2	24
23 34 18	23	29	9	13 37	3	25
23 37 58	24	♉	10	14 22	4	26
23 41 39	25	1	11	15 8	5	27
23 45 19	26	2	12	15 53	5	28
23 49 0	27	3	12	16 41	6	29
23 52 40	28	4	13	17 23	7	29
23 56 20	29	5	14	18 8	8	♍
24 0 0	30	6	15	18 53	9	1

PROPORTIONAL LOGARITHMS FOR FINDING THE PLANETS' PLACES

DEGREES OR HOURS

Min	0	1	2	3	4	5	6	7	8	9	10	11	12	13	14	15	Min
0	3.1584	1.3802	1.0792	9031	7781	6812	6021	5351	4771	4260	3802	3388	3010	2663	2341	2041	**0**
1	3.1584	1.3730	1.0756	9007	7763	6798	6009	5341	4762	4252	3795	3382	3004	2657	2336	2036	**1**
2	2.8573	1.3660	1.0720	8983	7745	6784	5997	5330	4753	4244	3788	3375	2998	2652	2330	2032	**2**
3	2.6812	1.3590	1.0685	8959	7728	6769	5985	5320	4744	4236	3780	3368	2992	2646	2325	2027	**3**
4	2.5563	1.3522	1.0649	8935	7710	6755	5973	5310	4735	4228	3773	3362	2986	2640	2320	2022	**4**
5	2.4594	1.3454	1.0614	8912	7692	6741	5961	5300	4726	4220	3766	3355	2980	2635	2315	2017	**5**
6	2.3802	1.3388	1.0580	8888	7674	6726	5949	5289	4717	4212	3759	3349	2974	2629	2310	2012	**6**
7	2.3133	1.3323	1.0546	8865	7657	6712	5937	5279	4708	4204	3752	3342	2968	2624	2305	2008	**7**
8	2.2553	1.3258	1.0511	8842	7639	6698	5925	5269	4699	4196	3745	3336	2962	2618	2300	2003	**8**
9	2.2041	1.3195	1.0478	8819	7622	6684	5913	5259	4690	4188	3737	3329	2956	2613	2295	1998	**9**
10	2.1584	1.3133	1.0444	8796	7604	6670	5902	5249	4682	4180	3730	3323	2950	2607	2289	1993	**10**
11	2.1170	1.3071	1.0411	8773	7587	6656	5890	5239	4673	4172	3723	3316	2944	2602	2284	1988	**11**
12	2.0792	1.3010	1.0378	8751	7570	6642	5878	5229	4664	4164	3716	3310	2938	2596	2279	1984	**12**
13	2.0444	1.2950	1.0345	8728	7552	6628	5866	5219	4655	4156	3709	3303	2933	2591	2274	1979	**13**
14	2.0122	1.2891	1.0313	8706	7535	6614	5855	5209	4646	4148	3702	3297	2927	2585	2269	1974	**14**
15	1.9823	1.2833	1.0280	8683	7518	6600	5843	5199	4638	4141	3695	3291	2921	2580	2264	1969	**15**
16	1.9542	1.2775	1.0248	8661	7501	6587	5832	5189	4629	4133	3688	3284	2915	2574	2259	1965	**16**
17	1.9279	1.2719	1.0216	8639	7484	6573	5820	5179	4620	4125	3681	3278	2909	2569	2254	1960	**17**
18	1.9031	1.2663	1.0185	8617	7467	6559	5809	5169	4611	4117	3674	3271	2903	2564	2249	1955	**18**
19	1.8796	1.2607	1.0153	8595	7451	6546	5797	5159	4603	4109	3667	3265	2897	2558	2244	1950	**19**
20	1.8573	1.2553	1.0122	8573	7434	6532	5786	5149	4594	4102	3660	3258	2891	2553	2239	1946	**20**
21	1.8361	1.2499	1.0091	8552	7417	6519	5774	5139	4585	4094	3653	3252	2885	2547	2234	1941	**21**
22	1.8159	1.2445	1.0061	8530	7401	6505	5763	5129	4577	4086	3646	3246	2880	2542	2229	1936	**22**
23	1.7966	1.2393	1.0030	8509	7384	6492	5752	5120	4568	4079	3639	3239	2874	2536	2223	1932	**23**
24	1.7781	1.2341	1.0000	8487	7368	6478	5740	5110	4559	4071	3632	3233	2868	2531	2218	1927	**24**
25	1.7604	1.2289	0.9970	8466	7351	6465	5729	5100	4551	4063	3625	3227	2862	2526	2213	1922	**25**
26	1.7434	1.2239	0.9940	8445	7335	6451	5718	5090	4542	4055	3618	3220	2856	2520	2208	1917	**26**
27	1.7270	1.2188	0.9910	8424	7318	6438	5706	5081	4534	4048	3611	3214	2850	2515	2203	1913	**27**
28	1.7112	1.2139	0.9881	8403	7302	6425	5695	5071	4525	4040	3604	3208	2845	2509	2198	1908	**28**
29	1.6960	1.2090	0.9852	8382	7286	6412	5684	5061	4516	4032	3597	3201	2839	2504	2193	1903	**29**
30	1.6812	1.2041	0.9823	8361	7270	6398	5673	5051	4508	4025	3590	3195	2833	2499	2188	1899	**30**
31	1.6670	1.1993	0.9794	8341	7254	6385	5662	5042	4499	4017	3583	3189	2827	2493	2183	1894	**31**
32	1.6532	1.1946	0.9765	8320	7238	6372	5651	5032	4491	4010	3576	3183	2821	2488	2178	1889	**32**
33	1.6398	1.1899	0.9737	8300	7222	6359	5640	5023	4482	4002	3570	3176	2816	2483	2173	1885	**33**
34	1.6269	1.1852	0.9708	8279	7206	6346	5629	5013	4474	3994	3563	3170	2810	2477	2168	1880	**34**
35	1.6143	1.1806	0.9680	8259	7190	6333	5618	5003	4466	3987	3556	3164	2804	2472	2164	1875	**35**
36	1.6021	1.1761	0.9652	8239	7174	6320	5607	4994	4457	3979	3549	3157	2798	2467	2159	1871	**36**
37	1.5902	1.1716	0.9625	8219	7159	6307	5596	4984	4449	3972	3542	3151	2793	2461	2154	1866	**37**
38	1.5786	1.1671	0.9597	8199	7143	6294	5585	4975	4440	3964	3535	3145	2787	2456	2149	1862	**38**
39	1.5673	1.1627	0.9570	8179	7128	6282	5574	4965	4432	3957	3529	3139	2781	2451	2144	1857	**39**
40	1.5563	1.1584	0.9542	8159	7112	6269	5563	4956	4424	3949	3522	3133	2775	2445	2139	1852	**40**
41	1.5456	1.1540	0.9515	8140	7097	6256	5552	4947	4415	3942	3515	3126	2770	2440	2134	1848	**41**
42	1.5351	1.1498	0.9488	8120	7081	6243	5541	4937	4407	3934	3508	3120	2764	2435	2129	1843	**42**
43	1.5249	1.1455	0.9462	8101	7066	6231	5531	4928	4399	3927	3501	3114	2758	2430	2124	1838	**43**
44	1.5149	1.1413	0.9435	8081	7050	6218	5520	4918	4390	3919	3495	3108	2753	2424	2119	1834	**44**
45	1.5051	1.1372	0.9409	8062	7035	6205	5509	4909	4382	3912	3488	3102	2747	2419	2114	1829	**45**
46	1.4956	1.1331	0.9383	8043	7020	6193	5498	4900	4374	3905	3481	3096	2741	2414	2109	1825	**46**
47	1.4863	1.1290	0.9356	8023	7005	6180	5488	4890	4365	3897	3475	3089	2736	2409	2104	1820	**47**
48	1.4771	1.1249	0.9330	8004	6990	6168	5477	4881	4357	3890	3468	3083	2730	2403	2099	1816	**48**
49	1.4682	1.1209	0.9305	7985	6975	6155	5466	4872	4349	3882	3461	3077	2724	2398	2095	1811	**49**
50	1.4594	1.1170	0.9279	7966	6960	6143	5456	4863	4341	3875	3454	3071	2719	2393	2090	1806	**50**
51	1.4508	1.1130	0.9254	7947	6945	6131	5445	4853	4333	3868	3448	3065	2713	2388	2085	1802	**51**
52	1.4424	1.1091	0.9228	7929	6930	6118	5435	4844	4324	3860	3441	3059	2707	2382	2080	1797	**52**
53	1.4341	1.1053	0.9203	7910	6915	6106	5424	4835	4316	3853	3434	3053	2702	2377	2075	1793	**53**
54	1.4260	1.1015	0.9178	7891	6900	6094	5414	4826	4308	3846	3428	3047	2696	2372	2070	1788	**54**
55	1.4180	1.0977	0.9153	7873	6885	6081	5403	4817	4300	3838	3421	3041	2691	2367	2065	1784	**55**
56	1.4102	1.0939	0.9128	7854	6871	6069	5393	4808	4292	3831	3415	3034	2685	2362	2061	1779	**56**
57	1.4025	1.0902	0.9104	7836	6856	6057	5382	4798	4284	3824	3408	3028	2679	2356	2056	1774	**57**
58	1.3949	1.0865	0.9079	7818	6841	6045	5372	4789	4276	3817	3401	3022	2674	2351	2051	1770	**58**
59	1.3875	1.0828	0.9055	7800	6827	6033	5361	4780	4268	3809	3395	3016	2668	2346	2046	1765	**59**
	0	1	2	3	4	5	6	7	8	9	10	11	12	13	14	15	

RULE: – Add proportional log. of planet's daily motion to log. of time from noon, and the sum will be the log. of the motion required. Add this to planet's place at noon, if time be p.m., but subtract if a.m., and the sum will be planet's true place. If Retrograde, subtract for p.m., but add for a.m.

What is the Long. of ☽ July 17, 2005 at 2.15 p.m.?

☽'s daily motion – 14° 12′

Prop. Log. of 14° 12′ .... .2279

Prop. Log. of 2h. 15m. 1.0280

☽'s motion in 2h. 15m. = 1° 20′ or Log. 1.2559

☽'s Long. = 0° ♐ 15′ + 1° 20′ = 1° ♐ 35′

The Daily Motions of the Sun, Moon, Mercury, Venus and Mars will be found on pages 26 to 28.